Oldenkott

Bandscheibenleiden: Was tun?

Professor Dr. med. Paul Th. Oldenkott

Bandscheibenleiden: Was tun?

- Weniger Schmerzen durch richtige Behandlung
- So entlasten Sie Ihre Wirbelsäule im Alltag
- Mit ausführlichem Übungsprogramm

Unter Mitarbeit von
Dr. med. Dipl.-Ing. Wolf D. Scheiderer und
Annette Sedelmaier

TRIAS

Anschriften der Autoren:
Prof. (em.) Dr. med. Paul Th. Oldenkott
Oberstarzt a.D.
ehem. Leitender Arzt der Abteilung
Neurochirurgie
Bundeswehrkrankenhaus Ulm
Akademisches Krankenhaus der
Universität Ulm
D-89081 Ulm

Dr. med. Dipl.-Ing. Wolf D. Scheiderer
Chefarzt der Rehabilitationsklinik Saulgau,
Facharzt für Orthopädie, Rheumatologie,
Facharzt für Physikalische und Rehabilitationsmedizin, Chirotherapie, Sportmedizin,
Unfallarzt
D-88348 Saulgau

Annette Sedelmaier
Leitende Krankengymnastin der
Rehabilitationsklinik Saulgau
D-88348 Saulgau

Umschlaggestaltung:
Cyclus · D+P Loenicker, Stuttgart

Textzeichnungen:
Friedrich Hartmann, Stuttgart

Die Deutsche Bibliothek –
CIP Einheitsaufnahme
Oldenkott, Paul Theodor:
Bandscheibenleiden – was tun? : weniger Schmerzen durch die richtige Behandlung ; so entlasten Sie Ihre Wirbelsäule im Alltag ; mit ausführlichem Übungsprogramm / Paul Th. Oldenkott. Unter Mitarb. von Wolf D. Scheiderer und Annette Sedelmaier. [Textzeichn.: Friedrich Hartmann]. – 7. Aufl. – Stuttgart: TRIAS – Thieme Hippokrates Enke, 1997
Bis 6. Aufl. u.d.T.: Oldenkott, Paul Theodor: Bandscheibenschäden

Gedruckt auf chlorfrei gebleichtem Papier

Rüdigerstraße 14, D-70469 Stuttgart
Printed in Germany
Satz: Fotosatz H. Buck, Kumhausen
Druck: Gutmann, Talheim

ISBN 3-89373-403-1 1 2 3 4 5 6

Wichtiger Hinweis:
Wie jede Wissenschaft ist die Medizin ständigen Entwicklungen unterworfen. Forschung und klinische Erfahrung erweitern unsere Erkenntnisse, insbesondere was Behandlung und medikamentöse Therapie anbelangt. Soweit in diesem Werk eine Dosierung oder eine Applikation erwähnt wird, darf der Leser zwar darauf vertrauen, daß Autoren, Herausgeber und Verlag große Sorgfalt darauf verwandt haben, daß diese Angabe **dem Wissensstand bei Fertigstellung des Werkes** entspricht. Für Angaben über Dosierungsanweisungen und Applikationsformen kann vom Verlag jedoch keine Gewähr übernommen werden. **Jeder Benutzer ist angehalten,** durch sorgfältige Prüfung der Beipackzettel der verwendeten Präparate und gegebenenfalls nach Konsultation eines Spezialisten festzustellen, ob die dort gegebene Empfehlung für Dosierungen oder die Beachtung von Kontraindikationen gegenüber der Angabe in diesem Buch abweicht. Eine solche Prüfung ist besonders wichtig bei selten verwendeten Präparaten oder solchen, die neu auf den Markt gebracht worden sind. **Jede Dosierung oder Applikation erfolgt auf eigene Gefahr des Benutzers.** Autoren und Verlag appellieren an jeden Benutzer, ihm etwa auffallende Ungenauigkeiten dem Verlag mitzuteilen.

Zu diesem Buch

Rücken- und Kreuzschmerzen plagen die Menschen seit Jahrhunderten. Überlieferungen aus vorchristlicher Zeit und Schriftstücke der vergangenen Jahrhunderte widerlegen die verbreitete Ansicht, das Bandscheibenleiden sei eine Mode- oder Zivilisationskrankheit. Das trifft nur bedingt zu, und die dadurch ausgelösten Beschwerden sind auch nicht ausschließlich ein Opfer, welches der Mensch seiner heutigen Lebensweise und den technischen Errungenschaften dieser Zeit bringen muß.

Das Wissen über Ursachen und Auswirkungen von wirbelsäulenbedingten Schmerzen ist jedoch in unserer Zeit entscheidend gewachsen. Man erkannte, daß die Bandscheibe für die Funktionstüchtigkeit der Wirbelsäule eine führende Rolle spielt und daß Riß- und Spaltbildungen sowie Verlagerungen von Bandscheibengewebe das Zusammenspiel der Bauelemente stören, welches die Leistungsfähigkeit unserer Wirbelsäule bestimmt. Dieser bei jedem Menschen schon frühzeitig einsetzende, als Degeneration bezeichnete, aber normale Umwandlungsprozeß im Gewebeverband der Bandscheibe muß nicht zwangsläufig zu Beschwerden führen. Erst bei Fortschreiten der Bandscheibendegeneration kann es unter Bedingungen, die in der Regel unbekannt bleiben, zu Schmerzen in allen Teilen der Wirbelsäule kommen; am häufigsten jedoch im unteren Bereich der Lendenwirbelsäule und des sich anschließenden Kreuzbeins. Dabei sind örtliche Beschwerden (Kreuzschmerzen) wie auch in die Beine ausstrahlende Schmerzen in ihrem Charakter und in ihrer Ausprägung individuell sehr unterschiedlich.

Bandscheibenbedingte Erkrankungen sind weit verbreitet und werden wegen ihrer sozialmedizinischen Auswirkungen und gesellschaftspolitischen Bedeutung als »Volkskrankheit« bezeichnet.

Örtliche (lokale) Schmerzen der Lendenwirbelsäule, die plötzlich auftreten und gleichzeitig mit einer oft erheblichen Fehlstellung und mit einer schmerzhaften Einschränkung ihrer Beweglichkeit einhergehen, nennt der Volksmund »Hexenschuß«; strahlen die Schmerzen in die Beine aus, wird von »Ischias« gesprochen.

Ein Mensch, der an den Folgen einer Bandscheibenerkrankung leidet, ist oft verzweifelt, er kann für sich selbst, für seine Umwelt und für den ihn behandelnden Arzt zum Problem werden.

Nicht selten haben die über Jahre andauernden und immer wiederkehrenden Schmerzen Auswirkungen auf das Leben des Patienten: in seiner gesellschaftlichen Stellung, in der Ehe, in der Familie, an der Arbeitsstelle. Viele so geplagte Menschen leiden zudem darunter, von ihrer Umgebung verkannt, nicht ernst genommen oder sogar belächelt zu werden. Unsicherheit, unbewußtes Fehlverhalten und depressive Reaktionen sind häufige Begleiterscheinungen, insbesondere dann, wenn eine Vielzahl verschiedener, aber unzureichender Behandlungsversuche keine Besserung bringen.

Wir sind nicht in der Lage, die Entstehung von Bandscheibenveränderungen zu verhindern. Die Folgen lassen sich jedoch durch Eigeninitiative im Sinne einer verantwortlichen Krankheitsvorsorge bessern; sachgerechte Aufklärung ist hierfür nötig.

»Das Bedürfnis der Kranken ist groß, über Ursache, Auswirkungen, Behandlungsmöglichkeiten und Vorsorge ihres Bandscheibenleidens unterrichtet zu sein«, schrieb mein akademischer Lehrer W. Driesen † in seinem Geleitwort bei Erscheinen dieses Ratgebers 1977.

Dieser Ratgeber informiert über bandscheibenbedingte Beschwerden im Lendenwirbelsäulenbereich. Nicht alle Schmerzen im Rücken und in den Beinen werden von erkrankten Bandscheiben hervorgerufen. So ist es nicht möglich, auf alle Rücken- und Beinschmerzprobleme und ihre Behandlung einzugehen und alle sich stellenden Fragen zu beantworten. Die Informationsmöglichkeiten eines solchen Ratgebers sind begrenzt.

Das vorliegende Buch soll dem Bandscheibengeschädigten zur Orientierung und Information dienen, es ist kein Rezept für alle Lebenslagen und kein Ersatz für die ärztliche Beratung und Behandlung. Der Arzt stellt die Diagnose, verordnet und verantwortet die erforderlichen Behandlungsmaßnahmen, individuell angepaßt.

Der Ratgeber soll Ihre Eigenverantwortung und Initiative fördern, durch Wissen zu handeln, dadurch den Auswirkungen der Bandscheibenerkrankung entgegenzuwirken und – soweit möglich – vorbeugend tätig zu werden.

»Mit Wissen vorbeugen und handeln« – mit dieser Aufforderung wendet sich dieses Buch an die Menschen, die nicht gewillt sind, ihr Leiden als schicksalhaften Eingriff in ihr Leben hinzunehmen.

In besonderer Weise richtet sich der Ratgeber an die Menschen, die wegen eines Bandscheibenvorfalls operiert werden müssen. Ihnen möchte der Ratgeber die Entscheidung zur vorgeschlagenen Operation erleichtern und die Angst vor dem operativen Eingriff nehmen. So finden sich Verhaltenshinweise für die Zeit nach der Operation, die helfen sollen, die Erkrankung zu überwinden und Rückschläge, soweit das möglich ist, zu verhindern.

Dem Ratgeber liegen Erfahrungen zugrunde, die in langjähriger klinischer Tätigkeit gewonnen wurden, Erfahrungen, in denen sich die Probleme, Sorgen und Nöte von vielen Patienten widerspiegeln, von Patienten, die entweder nur beraten werden wollten, die konservativ behandelt oder die operiert werden mußten.

In Zusammenarbeit mit dem Orthopäden und Ingenieur W. Scheiderer und der Leitenden Krankengymnastin A. Sedelmaier wurde die vorliegende 7. Auflage in Teilbereichen wesentlich erweitert (Evolution, Biomechanik), der Übungsteil völlig neu gestaltet, die Abbildungen ergänzt und erneuert.

Es würde mich freuen, wenn dieser Ratgeber auch ärztlichen Kolleginnen und Kollegen in der Praxis oder im Krankenhaus und allen, die an der Behandlung von Patienten mit bandscheibenbedingten Erkrankungen beteiligt sind, zur Information und als Anregung dient.

Ulm im Herbst 1997 P. Th. Oldenkott

Gesunde Bandscheibe und Wirbelsäule

Wie die menschliche Wirbelsäule aufgebaut ist

Die Wirbelsäule trägt den Kopf, stützt den Rumpf und umschließt das Rückenmark. Das Becken ist die knöcherne Verbindung von der Wirbelsäule zu den Beinen. Neben sieben Hals- und zwölf Brustwirbeln setzt sich die Wirbelsäule normalerweise aus fünf Lendenwirbeln, dem Kreuzbein und dem Steißbein zusammen (Abb. 1).

Die charakteristische Form der Wirbelsäule mit den sogenannten physiologischen Krümmungen bildet sich im ersten Entwicklungsjahr des Menschen aus. Die Wirbelsäule erhält dadurch das Aussehen eines großen »S«. Die Krümmungen nennt man Halslordose, Brustkyphose und Lendenlordose (Abb. 1b).

Ihre Festigkeit erhält die Wirbelsäule durch Bänder und Muskeln, mit denen sie eine funktionelle Einheit bildet. Ohne diese Bänder und Muskeln würde die Wirbelsäule aufgrund des großen Innendrucks der Bandscheiben wie eine starke Feder weit über ihre normale Länge hinaus ausgedehnt werden.

Die unterschiedliche Bauweise der Wirbelkörper trägt der Beanspruchung und Funktion der Wirbelsäule Rechnung: Die Lendenwirbelsäule trägt das gesamte Gewicht des Oberkörpers, überträgt dieses Gewicht auf das Becken im Sitzen und auf die Beine im Stehen, beim Gehen und Rennen. Kräftig entwickelte Lendenwirbelkörper sind notwendig, um die stärkere Belastung im Bereich der Lendenwirbelsäule aufzufangen. Schmerzen treten am häufigsten in diesem Bereich auf.

Die kurzzeitige (akute) oder anhaltende (chronische) Überdehnung von Bändern führt zur Fehl- oder Überlastung der Muskulatur, die die Wirbelsäule stützt. Dadurch, aber auch durch Fehlbildungen im Aufbau der Wirbelsäule kann es zu Beschwerden kommen.

Zu den Fehlbildungen werden unter anderem die *Übergangsstörungen* gerechnet, die mit Hilfe von Röntgenaufnahmen auszuschließen sind, insbesondere vor einer operativen Behandlung (z.B. eines Bandscheibenvorfalls). Derartige Übergangsstörungen kommen als »Normvarianten« in allen Wirbelsäulenabschnitten vor, am häufigsten betroffen ist der Übergang von der Lendenwirbelsäule zum Kreuzbein (lumbosakraler

Übergangsbereich). Gewöhnlich verschmelzen Kreuz- und Steißbeinwirbel zwischen dem 20. und 25. Lebensjahr zum Kreuzbein. Bleibt der 1. Kreuzbeinwirbel davon ausgespart, wird die Lendenwirbelsäule sechsgliedrig (Lumbalisation), verschmilzt dagegen der 5. Lendenwirbel mit dem Kreuzbein, hat die Lendenwirbelsäule nur vier statt fünf Wirbelkörper (Sakralisation).

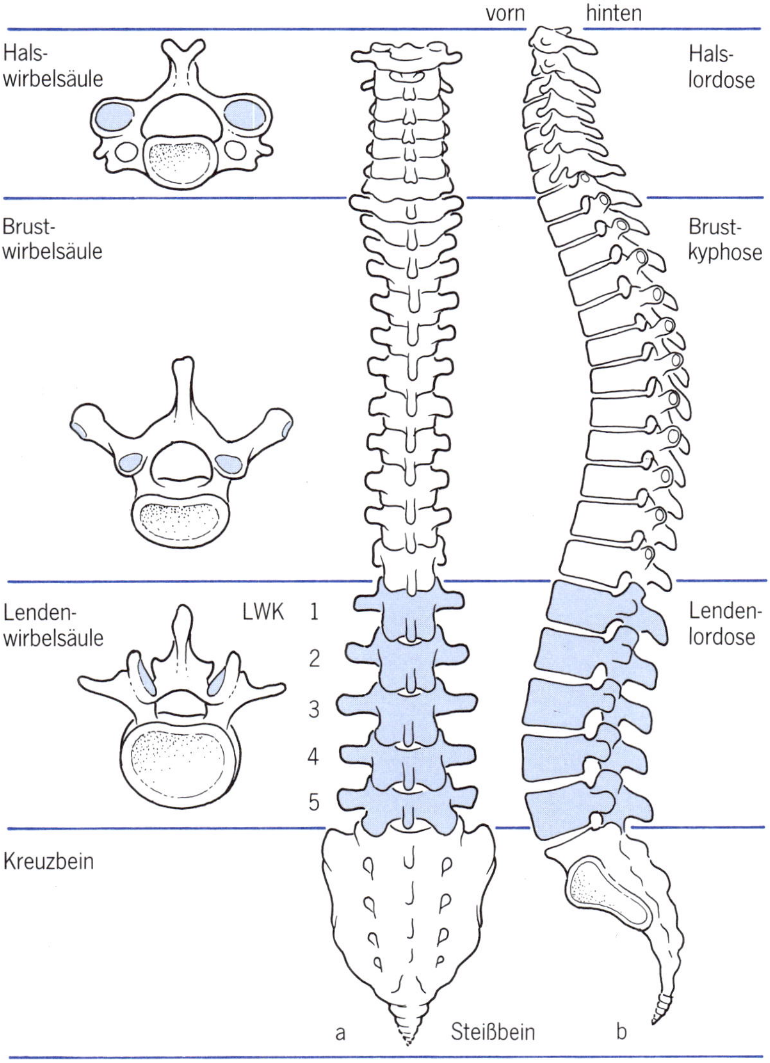

Abb. 1: Menschliche Wirbelsäule von hinten (a) und von der Seite (b) mit Beispielen für die Wirbelkörperform in den einzelnen Abschnitten

Der besondere anatomische Aufbau des Wirbelkörpers als Hauptteil eines Wirbels gewährleistet seine Festigkeit (Abb. 2). Eine weiche, aufgelockerte innere Knochenstruktur (Spongiosa) wird zur Seite von der Knochenrinde und an der Ober- bzw. Unterfläche des Wirbelkörpers von der Knochenleiste abgegrenzt. Die Abschlußfläche des Wirbelkörpers nach oben und unten gegen die Bandscheibe bilden Knorpelplatten.

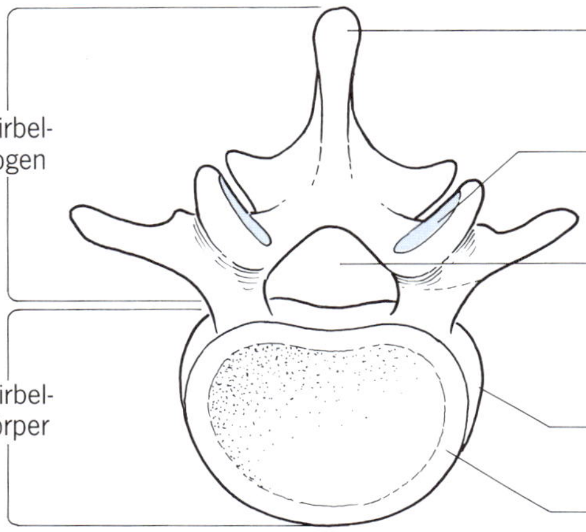

Abb. 2: Lendenwirbel in der Aufsicht

Hinten seitlich finden sich beiderseits knöcherne Ausläufer: Wirbelbogen mit Dornfortsatz und Gelenkfortsätze mit Gelenkflächen (Gelenkfacetten) (Abb. 2). Die Wirbellöcher, die beim Zusammenschluß der Wirbelbögen entstehen, werden durch Aufeinanderreihen der Wirbelkörper zum Wirbelkanal. Besondere Bänderzüge sind an der Innenauskleidung des Wirbelkanals beteiligt.

Dem Wirbelbogen paarig zugeordnet sind an jeder Seite je zwei mit Gelenkflächen ausgestattete, einander zugewandte Gelenkfortsätze: die Wirbelgelenke (Facettengelenke). Durch diese wird die Verbindung der einzelnen Wirbelkörper untereinander hergestellt. Die Gelenkflächen haben in den einzelnen Wirbelsäulenabschnitten unterschiedliche Stellungen. Dadurch wird dem jeweiligen Bewegungsspielraum der Wirbelsäule Rechnung getragen. Die Gelenkfortsätze selbst werden von einer derben, mit elastischen Fasern versehenen Gelenkkapsel zusammengehalten (Abb. 4a, S. 18). Die (kleinen) Wirbel- oder Wirbelbogengelenke sind bei degenerativen Veränderungen der Bandscheiben wegen ihrer reichhaltigen Versorgung mit kleinen Nervenendigungen (Schmerzrezeptoren) für die Entstehung und Unterhaltung bestimmter Schmerzformen bedeutsam.

Das Zwischenwirbelloch ist ein kurzer Kanal, der von der seitlichen Hinterfläche des Wirbelkörpers, dem oberen und unteren Gelenkfortsatz zweier benachbarter Wirbel und einem Teil der Bandscheibe begrenzt wird (Abb. 2 und 4a). Die Höhe der Bandscheibe beeinflußt die Größe des Zwischenwirbellochs und damit die Weite des kleinen Kanals. Dadurch kann es in Verbindung mit knöchernen Neubildungen an den benachbarten Wirbelkörperbereichen, infolge krankhafter Vorgänge an den Gelenkanteilen, durch Reizung kleiner Nerven und durch Druck der hier den Wirbelkanal verlassenden Nervenwurzeln zu Schmerzen kommen.

Die Rumpfmuskulatur als Stützkorsett

Am Rücken laufen zwei kräftige Muskelzüge rechts und links der Wirbelsäule entlang vom Becken bis zum Kopf, die eigentlichen Rückenmuskeln (Abb. 3a). Diese bestehen aus kürzeren und längeren Muskelfasern, die so aufgebaut sind, daß die einzelnen beweglichen Abschnitte der Wirbelsäule miteinander verstreben und bei Bewegungen mitwirken. Zusätzlich finden sich auf dem Rücken flache Muskeln, die überwiegend quer verlaufen und von der Wirbelsäule zum Schultergürtel ziehen. Sie helfen dadurch, die Wirbelsäule zu festigen, z.B. beim Heben von Lasten.

Der freie Raum zwischen Becken und Brustkorb vorn und seitlich am Rumpf wird durch die Bauchmuskeln ausgefüllt. Diese sind stark miteinander verzahnt (Abb. 3b). Neben der Aufgabe, die Baucheingeweide zu stützen, bei der Atmung nachzugeben und das Aufrichten aus liegender Stellung zu ermöglichen, bestimmen diese Muskeln zusammen mit den Rückenmuskeln die Haltung und wirken bei der Bewegung der Wirbelsäule mit.

Eine gute Stellung der Wirbelsäule wird durch eine richtige Beckenstellung erreicht. Für die Balance des Beckens über den Beinen sind die Hüftmuskeln verantwortlich (Abb. 3c). Das Becken wird fußwärts durch die Beckenbodenmuskulatur abgeschlossen.

Das für den Menschen typische aufrechte Gehen und Stehen wird von der knöchernen Wirbelsäule mit ihren besonderen Krümmungen in enger Verbindung mit der Muskulatur ermöglicht. Erkrankungen und Störungen im Zusammenspiel der einzelnen Muskelgruppen führen zu einer Veränderung und Verschlechterung der Haltung beim Menschen.

Eine Fehlbelastung der Wirbelsäule ist die Folge. Änderungen im Zusammenwirken der Muskulatur, verursacht durch zu schlaffe Muskulatur, bieten der Wirbelsäule zu wenig Halt. Aber auch eine zu stark gespannte Muskulatur, die nicht mehr nachgiebig genug ist, kann Funktionsstörungen hervorrufen.

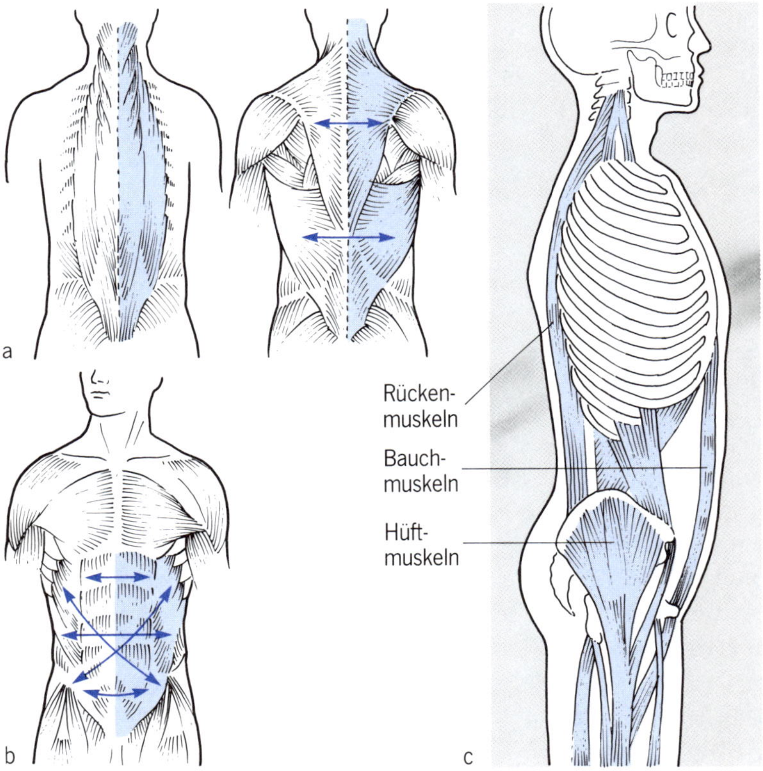

Abb. 3: a) Muskelzüge hinten (schematisch); b) Muskelzüge vorn (schematisch); c) Muskelzüge seitlich rechts (schematisch)

Rückenmark und Nerven im Schutz der Wirbelsäule

Das Rückenmark ist Teil des zentralen Nervensystems und muß als Fortsetzung des Gehirns angesehen werden. So wie das Gehirn vom knöchernen Schädel schützend umschlossen wird, so erhält das Rückenmark seinen Schutz durch den knöchernen Wirbelkanal. Von seiner Hinter- und Vorderseite gehen Nervenfasern aus, die, zu Bündeln zusammengeschlossen, die Nervenwurzeln bilden. Diese werden ebenso wie das Gehirn und das Rückenmark von einer harten Haut (Dura mater) umhüllt (Abb. 4a und b).

Das gesamte zentrale Nervensystem, nämlich das Gehirn, das Rückenmark und die von ihm abgehenden Nervenfasern, wird von einer Flüssigkeit umspült, dem Nervenwasser (Liquor cerebrospinalis). Dieser Flüssigkeitsmantel bietet eine zusätzliche Sicherung gegen äußere Gewalteinwirkung. Da das Rückenmark kürzer ist als die Wirbelsäule, treten die acht Nervenwurzeln ($C_{1\text{-}8}$) im Bereich der Halswirbelsäule mehr waagerecht, die zwölf Nervenwurzeln ($T_{1\text{-}12}$) im Brustwirbelsäulenbereich schräg, die fünf Nervenwurzeln ($L_{1\text{-}5}$) im Bereich der Lendenwirbelsäule und die fünf Sakralwurzeln ($S_{1\text{-}5}$) im Kreuzbeinbereich beinahe senkrecht nach unten aus, also weitaus tiefer, als es ihrem Ursprungsort im Rückenmark entspricht (Abb. 4c). Das Rückenmark endet beim erwachsenen Menschen in Höhe des 2. Lendenwirbelkörpers. Im Gegensatz zum Hals- und Brustwirbelkanal wird der größte Teil des Lendenwirbelkanals daher nur noch, ähnlich einem Pferdeschwanz, von Nervenfasern (»Cauda equina«) und Nervenwasser ausgefüllt.

Die Nervenwurzeln verlassen den Wirbelkanal durch die beschriebenen seitlichen Öffnungen, die Zwischenwirbellöcher (Abb. 4a und 5a). Außerhalb des Wirbelkanals bilden die einzelnen Nervenwurzeln Geflechte, aus denen der eigentliche periphere Nerv hervorgeht. Als Beispiel wird der Beinnerv (Nervus ischiadicus oder Ischias) erwähnt, der sich aus den Lenden- und Sakralnervenwurzeln L_4 bis S_3 zusammensetzt (Abb. 4c).

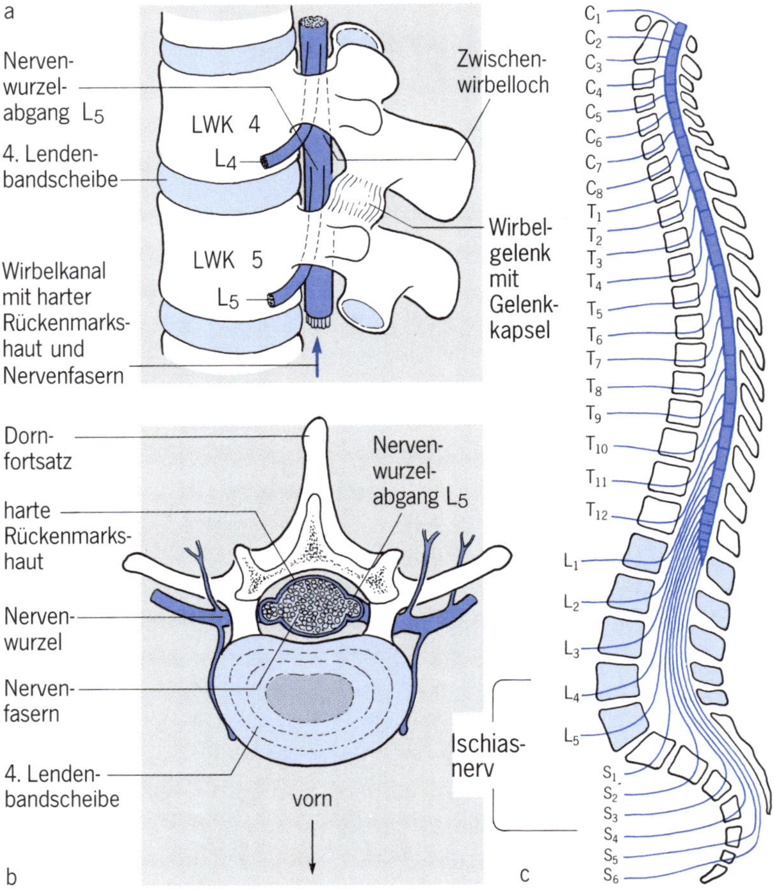

Abb. 4: a) Lagebeziehung und Verlauf einer Nervenwurzel (am Beispiel L_5) in Bezug zur Bandscheibe und zum Zwischenwirbelloch (Ansicht von links seitlich) (LWK = Lendenwirbelkörper)
b) Lendenwirbel in der Aufsicht mit Lendenbandscheibe in Beziehung zu Nervenwurzel und Nervenfasern
c) Rückenmark und Nervenwurzelaustritt (Ansicht von links seitlich; C = Hals-, T = Brust-, L = Lendenwirbelsäulen- und S = Sakralbereich [Kreuzbein])

Die Bandscheibe (Zwischenwirbelscheibe) als Stoßdämpfer

Die menschliche Wirbelsäule verdankt ihre Beweglichkeit hauptsächlich den Bandscheiben, die zwischen je zwei Wirbelkörpern eingeschaltet sind und daher auch Zwischenwirbelscheiben genannt werden. Über knorpelige Deckplatten stehen die Bandscheiben in enger Verbindung mit den Wirbelkörpern.

Die Zwischenwirbelscheibe hat, wie der Name besagt, die Form einer Scheibe (Discus). An ihr unterscheidet man einen äußeren sehnigstraffen bindegewebigen Gürtel (Faserring, Anulus fibrosus) und eine im Inneren gelegene gallertartige Masse (Gallertkern, Nucleus pulposus). Der Faserring wird zusätzlich durch entgegengesetzt verlaufende Faseranteile verstärkt (Abb. 5a).

Da es zwischen dem 1. und dem 2. Halswirbelkörper keine Bandscheibe gibt, hat der Mensch sechs Hals-, zwölf Brust- und fünf Lendenbandscheiben. Kreuz- und Steißbein haben gewöhnlich keine Bandscheiben und sind verknöchert. Die Zwischenwirbelscheiben werden nach den über ihnen gelegenen Wirbelkörpern gezählt. Am Beispiel der Lendenwirbelsäule liegt die fünfte Lendenbandscheibe demnach zwischen dem fünften Lendenwirbelkörper und dem Kreuzbein. Besteht zwischen der Lendenwirbelsäule und dem Kreuzbein eine Übergangsstörung (s.S. 12 und 13), spricht man vom letzten, vorletzten, drittletzten usw. Bandscheiben- oder Zwischenwirbelraum. Diese Sprachregelung hat sich im Hinblick auf die zweifelsfreie Festlegung der Schädigungshöhe vor einer operativen Behandlung bewährt.

Die ungestörte Funktion der Zwischenwirbelscheibe ist abhängig von der Unversehrtheit des Bandscheibengewebes. Nur in einer gesunden Zwischenwirbelscheibe kann die notwendige druckabhängige Flüssigkeitsverschiebung stattfinden. Vor allem sind es biochemische, physikalische und mechanische Bedingungen, die der Bandscheibe ihre Aufgabe als »Stoßdämpfer« der Wirbelsäulenbewegung erleichtern. Die Zwischenwirbelscheibe dient ähnlich einem Wasserkissen dazu, Erschütterungen der Wirbelsäule aufzufangen und das Bewegungsausmaß zu bestimmen.

Lange, von oben nach unten an den Wirbelkörperhinter- und vorderkanten verlaufende derbe Bänder (hinteres und vorderes Längsband) sorgen für eine zusätzliche Stabilisierung des Bewegungsausmaßes der belasteten Bandscheiben (Abb. 5b).

Natürlich handelt es sich dabei um ein weitaus komplizierteres Funktionssystem, als an dieser Stelle geschildert werden kann. Für das Ver-

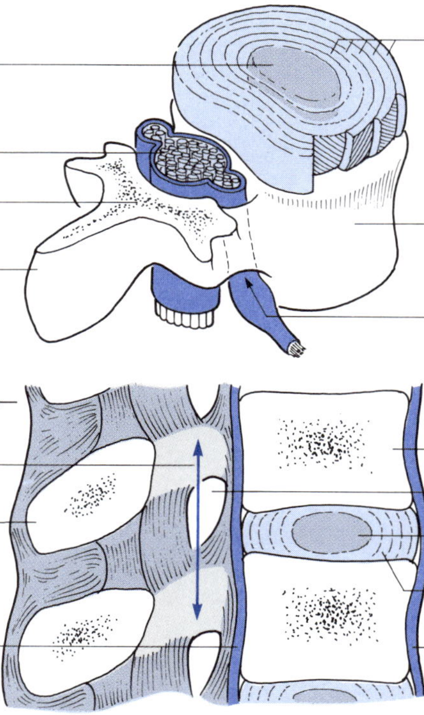

Abb. 5: a) Bandscheibe mit Faserring und Gallertkern dem Wirbelkörper aufliegend in bezug zu Nervenfasern und Nervenwurzel (Aufsicht von schräg hinten rechts); b) Bandscheibe in Ruhe bei aufrechter Körperhaltung (Wirbelsäulenabschnitt längs halbiert)

ständnis krankhafter Vorgänge reicht die vorliegende Beschreibung jedoch zunächst aus.

Die Auswirkungen von Veränderungen der Bandscheiben auf das Nervensystem lassen sich erahnen, wenn man sich die räumliche Nähe der Bandscheiben zum Rückenmark und, im Lendenwirbelsäulenbereich, zu den im Wirbelkanal verlaufenden Nervenfasern und austretenden Nervenwurzeln klar macht (Abb. 4b und 5a).

Für die Schmerzübertragung bei Erkrankungen der Wirbelsäule und der Bandscheiben ist ein umfangreiches System feiner Nerven verantwortlich. Diese ziehen zu den Wirbelkörpern, versorgen die Wirbelgelenke, verzweigen sich in den Bändern und reichen an die Bandscheiben heran.

Die Funktionsweise (Biomechanik) der Wirbelsäule und der Bandscheibe

Erkrankungen des Haltungs- und Bewegungsapparates sind die häufigsten Begründungen für Krankschreibungen. Rund 60 % aller Patienten in einer orthopädischen Praxis kommen wegen Wirbelsäulenbeschwerden. Sozialpolitisch von Bedeutung ist die Tatsache, daß allein wegen Rückenbeschwerden etwa 60 Millionen Arbeitstage ausfallen und dadurch in Deutschland Kosten in Höhe von 12 Milliarden DM entstehen. Besonders bedenklich ist die Tatsache, daß jeder dritte Patient, der wegen Rückenbeschwerden einen Arzt aufsucht, zwischen 30 und 55 Jahren alt ist.

Was aber ist die Ursache für diese Beschwerden? Der Grund ist in der fernen Vergangenheit des Menschen zu suchen: Vor etwa vier Millionen Jahren gingen unsere Urahnen dazu über, zwei statt vier Beine zum Gehen zu benutzen. Das mußte zwangsläufig zu einer Änderung der Belastung der Wirbelsäule und damit zu geänderten biomechanischen Verhältnissen führen.

Die Kraftverteilung beim Vierfüßler erfolgt parallel zur Bandscheibenlängsachse. Wird der Bau der Wirbelsäule ins Technische übertragen, läßt sich die Kraftverteilung vereinfacht wie eine Brückenkonstruktion darstellen (Abb. 6). Die Brückenpfeiler sind die Vorder- und Hinterbeine, die Wirbelsäule wird nur durch ihr Eigengewicht, den Brustkorb und die Weichteile belastet.

Anders verhält es sich beim Stehen auf zwei Beinen. Hier stützt sich die Wirbelsäule auf dem Becken und der unteren Körperhälfte ab. Die Kräfte wirken senkrecht zum Bandscheibenzwischenraum, und die Wirbelsäule hat jetzt nicht nur ihr Eigengewicht, den Brustkorb und die Weichteile zu tragen, sondern es kommen die Halswirbelsäule, der Kopf und die Arme hinzu. Dadurch lasten auf der Wirbelsäule über 30 % mehr Gewicht.

Die Wirbelsäule ist kein starres Gebilde, sondern ähnlich wie eine Kette aus mobilen Abschnitten (Segmenten) aufgebaut. Ihr funktioneller Baustein ist der jeweilige Bewegungsabschnitt, in dessen Mittelpunkt die Bandscheibe liegt. Dadurch wird die Bedeutung einer gesunden Bandscheibe für die ungestörte Funktion der Wirbelsäule verständlich. Dem einzelnen Bewegungsabschnitt – dem Bewegungssegment – zugeordnet werden die Bandscheibe mit den oben und unten angrenzenden Wirbelkörpern, die Wirbelbogen, die Wirbelgelenke (Gelenkfacetten). Dazu gerechnet werden müssen die in unmittelbarer Umgebung befindlichen

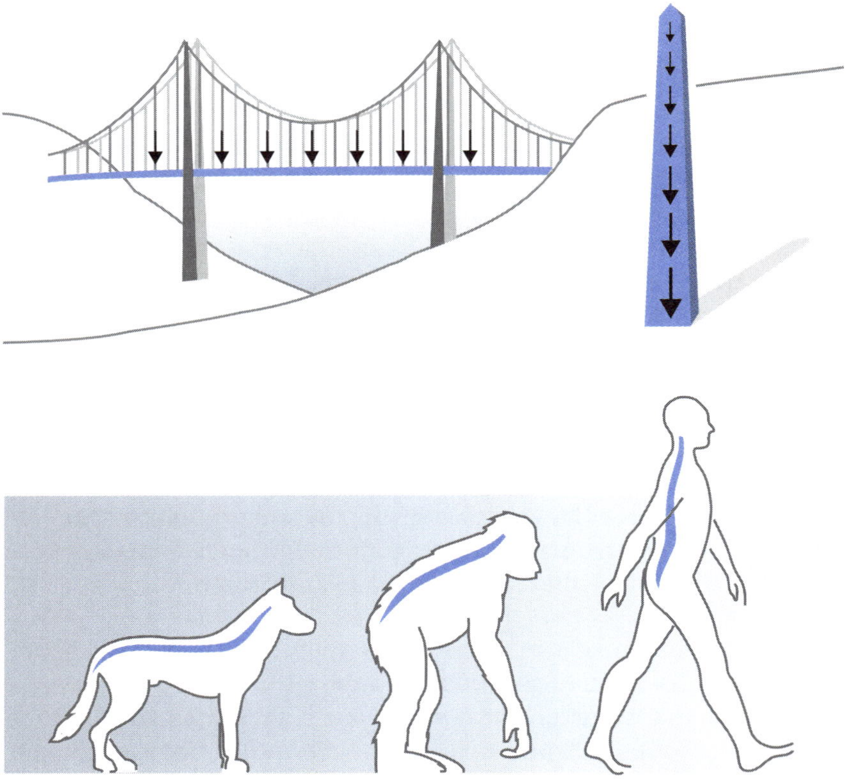

Abb. 6: Beim Vierbeiner verteilt sich die Last des Rumpfes entlang der Wirbelsäule, vergleichbar einer Brücke, die an vielen Tauen aufgehängt ist. Mit dem aufrechten Gang ändert sich die Lastverteilung von der Waagrechten in die Senkrechte: Das Gewicht des Rumpfes lastet vollständig auf dem unteren Ende der Wirbelsäule

Weichteile (Muskeln), die Bandverbindungen, die Nerven und die Gefäße. Die Summe aller Bewegungssegmente bildet die Funktionseinheit der Wirbelsäule. Die Stabilität (Festigkeit) der Wirbelsäule wird – wie bereits erwähnt – über die Muskulatur und die Bandverbindungen gewährleistet.

Der Übergang vom Vierfüßlerstand in den Zweibeinstand machte es erforderlich, die Muskulatur durch intensive Bewegung und körperliche Belastung zu kräftigen. Bewegungsmangel, zu langes, zudem häufig nicht richtiges Sitzen im Auto, Büro und vor dem Fernseher, Übergewicht und falsche Bewegungsmuster tragen folgerichtig dazu bei, daß es durch Fehlbelastung der Bandscheiben zum vorzeitigen Verschleiß der Wirbelsäule kommt.

Um den Alltagsbedürfnissen des Menschen gerecht zu werden, muß das einzelne Bewegungssegment und die Wirbelsäule als Ganzes eine hohe Anpassungsfähigkeit (Flexibilität) aufweisen. Die Bandscheiben und die Wirbelgelenke müssen diese Flexibilität gewährleisten, wobei die Bandscheibe hierbei ähnlich einem Wasserkissen wirkt: Sie fängt Erschütterungen der Wirbelsäule auf und bestimmt das Bewegungsausmaß in Verbindung mit dem Facettengelenk. Ohne das Puffer- und Platzhalter-System 'Bandscheibe' könnten sich die Wirbelkörper nicht gegeneinander bewegen, trotz der kleinen Wirbelgelenke, die im Sinne von Scharniergelenken die Wirbelkörper führen. Bei jeder Bewegung der Wirbelsäule werden die Bandscheiben auf Zug, Druck und Drehung (Rotation) unterschiedlich stark beansprucht.

Die in aufrechter Körperhaltung des Menschen auf die gesunde Bandscheibe einwirkenden Ruhekräfte werden durch den Eigendruck des Gallertkerns in einem physiologischen Gleichgewicht gehalten (Abb. 7a). Eine über die normale Ruhespannung hinausgehende senkrechte Belastung der Wirbelsäule führt zu den schon erwähnten Flüssigkeitsverschiebungen und damit zu einer Änderung der Druckverhältnisse in der Bandscheibe. Steigt der Druck in der Bandscheibe (intradiskaler Druck) über einen bestimmten Wert an (800 Nanometer), so verliert die Bandscheibe an Flüssigkeit. Das führt neben einer längsovalen Verformung des Gallertkerns und des Faserrings zu einer Verkleinerung des Zwischenwirbelraumes (Abb. 7b).

Wird die Wirbelsäule nach vorne geneigt, verschiebt sich der Gallertkern infolge der Kraftänderung Richtung Rückenmarkskanal. Gleichzeitig wird er bauchwärts zusammengedrückt (Abb. 7c).

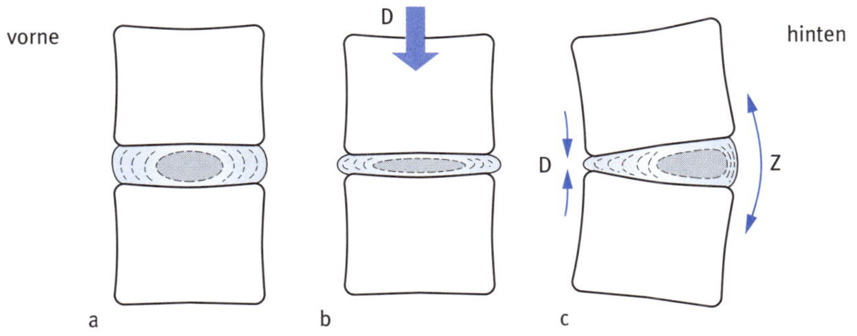

Abb. 7: Veränderung der Bandscheibe bei unterschiedlichen Belastungsformen
a) keine Belastung, b) gleichmäßige Belastung beim Stehen, c) einseitige Belastung z.B. beim Bücken (D = Druck-, Z = Zugbelastung)

Sinkt der Druck unter einen bestimmten Wert (700 Nanometer), erfolgt ein Flüssigkeitseinstrom (Hydratation), die Bandscheibe nimmt Flüssigkeit auf, der Zwischenwirbelraum erhöht sich. Das ist der Fall im Liegen. Aus diesem Grund ist der Mensch nach dem Schlaf morgens länger als abends. Die absolute Minderung der Körperlänge während des Tages beträgt nach Messungen durchschnittlich 17,6 mm. Die Abnahme in den ersten drei Morgenstunden macht bereits 2/3 des Längenverlustes aus. Eine Stunde Entlastung der Wirbelsäule in Rückenlage bewirkt eine Zunahme der Körperlänge von etwa 4,5 mm (Abb. 8).

Wird Zug auf die Wirbelsäule ausgeübt, so kommt es ebenfalls zu einer Flüssigkeitsvermehrung in der Bandscheibe. Nach Untersuchungen bewirken zehn Minuten Zug eine Längenzunahme von etwa 4,8 mm in der Lendenwirbelsäule. Zur Normalisierung des Druckes gibt die Bandscheibe Flüssigkeit ab. Aus diesem Grund muß eine körperliche Ruhepause im Liegen eingelegt werden, so insbesondere nach Streckbehandlungen der Wirbelsäule.

Zug- und Druckbelastungen sind für die Wirbelsäule allerdings weniger kritisch als Dreh-(Rotations-)Belastungen. Größere, vor allem plötzliche Drehbewegungen und Scherkräfte führen bei anhaltender Überlastung zu Gewebeeinrissen. Die häufigsten Bandscheibenschäden und

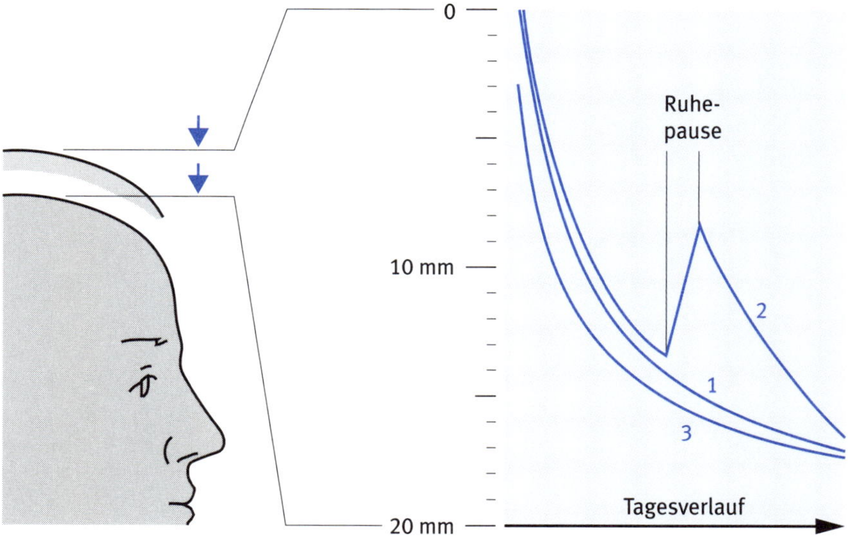

Abb. 8: Höhenverlust der Bandscheiben im Laufe des Tages
1) normale Belastung während des Tages, 2) nach einer Stunde in Rückenlage hat die Bandscheibe wieder deutlich an Höhe gewonnen, 3) in den Morgenstunden hatte es eine zusätzliche Belastung von 10 Kilogramm gegeben (nach Junghanns)

Wirbelsäulenveränderungen betreffen die untere Lendenwirbelsäule, weil im lumbosakralen Übergangsbereich die höchste Gewichtsbelastung und die größte Rotationsbeanspruchung auf die Bandscheibe wirkt. Von Bedeutung ist zudem, daß in diesem Bewegungssegment die Drehachse nicht in der Mitte, sondern außerhalb des Wirbelkörpers liegt.

Falsche Muskelbeanspruchung führt zu Muskelverspannungen. Untersuchungen haben ergeben, daß die dadurch hervorgerufenen unter-

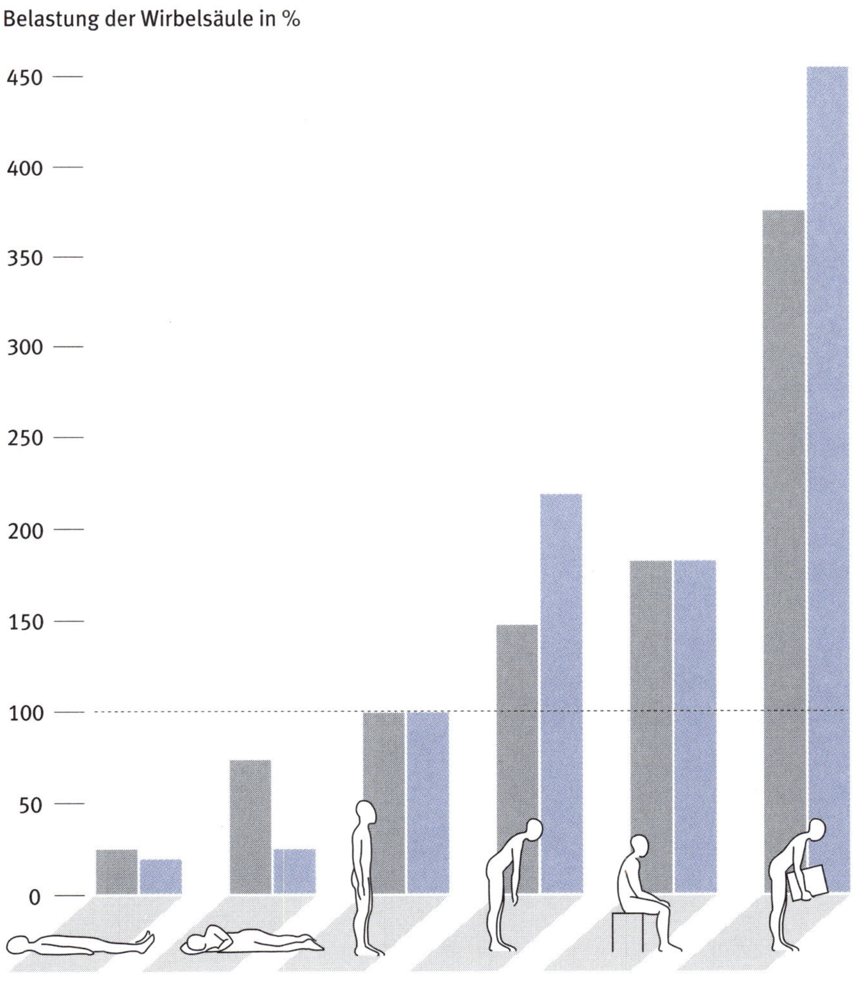

Abb. 9: Relativer Bandscheibeninnendruck in Prozent (ausgehend von 100 Prozent im Stehen) bei verschiedenen Körperhaltungen; die Säulen zeigen die Messungen verschiedener Forschergruppen (grau: Nachemson 1976; blau: Wilke 1997)

schiedlichen Druckbelastungen auf die Bandscheiben in Abhängigkeit von der Wirbelsäulenstellung sehr unterschiedlich sind, eine Erkenntnis, die therapeutische Konsequenzen hat. Die Belastung der Bandscheibe im Sitzen ist ungleich höher als im Stehen, die geringste Druckbelastung besteht in Rückenlage und bei der Stufenbettlagerung. Aufgrund dieser Erkenntnisse wird auf die Einhaltung körperlicher Ruhe bei der Behandlung bandscheibenbedingter Schmerzzustände und auf die richtige Lagerung des Patienten nach der Operation Wert gelegt (Abb. 9).

Allein der Muskel- und Bändertonus übt bei entspannter Rückenlage schon einen erheblichen Druck auf die untere Lendenwirbelsäule aus. In Seitlage verdoppelt sich der Wert wegen der Verbiegungen. Wird die Verbindung von Wirbelkörper und Bandscheibe als biomechanisches Modell gesehen, kann die Kraftbelastung im einzelnen ermittelt werden. So läßt sich das Bewegungssegment vereinfacht als Schere darstellen (Abb. 10).

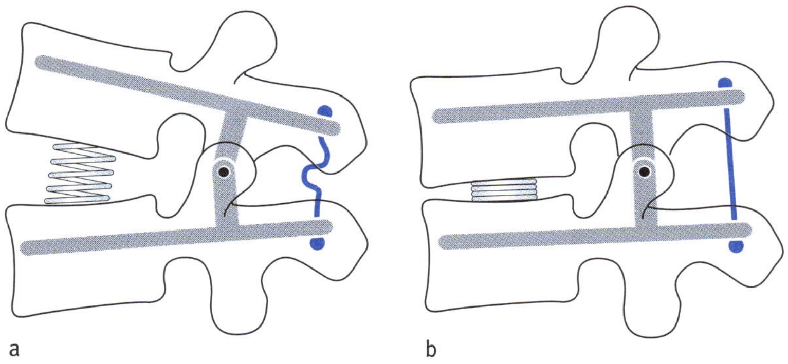

Abb. 10: Biomechanisches Modell der Lendenwirbelsäule beim Zurückneigen (a) und beim Vorbeugen (b). Man kann sich Druck und Zug dabei wie das Öffnen und Schließen einer Gartenschere vorstellen – angedeutet durch die graue Zange in den beiden Wirbelkörpern (nach Kapandji)

Der Abstand zwischen Drehpunkt und Rückenmuskulatur ist begrenzt (Griff der Schere). Nach vorne besteht die Möglichkeit der Ausdehnung. So führt eine Gewichtszunahme zu einer Schwerpunktverlagerung bauchwärts (Abb. 11). Anhand dieser Darstellung wird der Einfluß des Übergewichts auf die Wirbelsäule erkennbar und deutlich.

Dadurch lassen sich die Klagen von Frauen über Rückenschmerzen am Ende der Schwangerschaft erklären. Die ohnehin oft untrainierte Rückenmuskulatur ist überfordert, da der hintere Hebelarm gleichbleibend ist, der vordere jedoch größer wird. Mit dieser Erkenntnis läßt sich

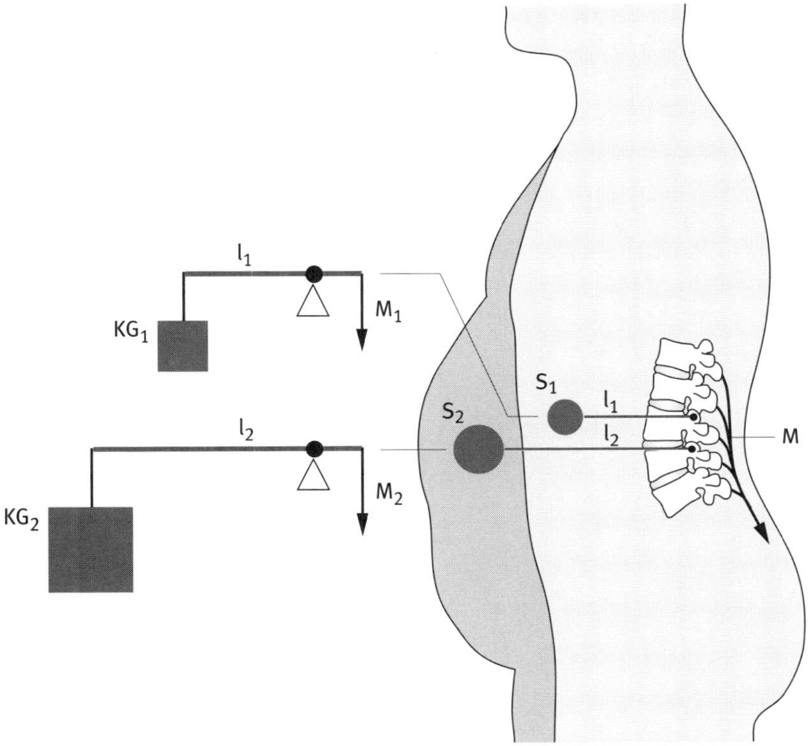

Abb. 11: Bei Übergewicht verlagert sich der Schwerpunkt des Körpers von S_1 nach S_2; der Ansatz der Muskelkraft (M), bleibt jedoch gleich. Sie stellt die Gegenkraft zu der Körpergewichtskraft KG im Schwerpunkt dar. Je länger der Hebelarm l ist, desto mehr Muskelkraft M ist zum Ausgleich der Körpergewichtskraft KG erforderlich (wie bei einer Wippe).

bei Schmerzen die Notwendigkeit eines besonderen Kräftetrainings der Rückenmuskulatur in der Schwangerschaft begründen.

Neben der Rückenmuskulatur muß auch die Bauchmuskulatur gekräftigt werden. Das Anspannen der Bauchmuskulatur führt zu einer Verminderung des Drucks auf die Bandscheibe. Der luft- und flüssigkeitsgefüllte Ballon des Bauches wirkt wie eine Feder, die das Zwerchfell zum Becken hin abstützt. Durch die so zusammengepreßten Eingeweide kann die Bandscheibe im Übergang von Lendenwirbelsäule zum Kreuzbein bis zu 30 % des auf ihr wirkenden Drucks entlastet werden. Häufig verordnete Leibmieder erhöhen dadurch, daß sie den Körper umfassen, ebenfalls den Druck im Bauchraum und führen damit zu einer Entlastung der Wirbelsäule. Bei jeder Verordnung orthopädischer Hilfsmittel (Korsett,

Orthese) mit dem Ziel, eine Ruhigstellung (Stabilisierung) der Lendenwirbelsäule zu erreichen, ist zu bedenken, daß die Muskulatur dadurch geringer beansprucht wird und damit eine Schwächung erfährt. Solange daher noch ein sinnvoller Muskelaufbau erzielt werden kann – und dies ist bis ins hohe Alter möglich –, sollte man versuchen, dieses Ziel durch Training zu erreichen.

Bandscheibenerkrankungen

Bandscheibenveränderungen ohne oder nur mit zeitweiligen Beschwerden

Es ist nunmehr verständlich geworden, warum die Leistungsfähigkeit der Wirbelsäule von der Funktionstüchtigkeit der einzelnen Bewegungsabschnitte, den Bewegungssegmenten, abhängt. Obwohl die Bandscheibe ein hochelastisches, anpassungsfähiges biomechanisches Gefüge ist, führen die ständigen Zug-Druck-Rotation-Wechselbelastungen auf den Faserring zu Ermüdungserscheinungen und verursachen kleinste Risse im Bandscheibengewebe.

Bandscheibenverschleiß (Degeneration)

Begünstigt wird dieser Vorgang dadurch, daß normalerweise die Umwandlungsprozesse der Bandscheiben schon vor dem 20. Lebensjahr einsetzen. Dabei handelt es sich um Rückbildungsvorgänge, bei denen das Bandscheibengewebe – und vor allem der Gallertkern – zunehmend Flüssigkeit verliert. Diese Vorgänge sind nicht krankhaft und kommen bei allen Menschen vor.

Unter besonderen inneren und äußeren Bedingungen kommt es zu Riß- und Spaltbildungen, die Bandscheibe schrumpft, vergleichbar eingetrocknetem Lehm. Dieser in seinen Einzelheiten sehr schwer verständliche physikalische und chemische Alterungsprozeß führt zu einem Verlust der normalen (physiologischen) Eigenschaften der Bandscheibe: Sie wird unelastisch und kann ihre Funktion als Puffer der Wirbelsäulenbewegungen immer weniger erfüllen. Verteilen sich bei normaler, regelrechter Bandscheibenfunktion in den jüngeren Lebensjahren die Druck- und Zugkräfte des Gallertkerns gleichmäßig auf den Faserring, so wird dieses Kräftespiel gestört, wenn die Bandscheibe ihre Elastizität mit zunehmendem Lebensalter einbüßt. Durch die fortschreitende Gewebsveränderung kann es zu einer vollständigen Einbuße der kräfteauffangenden und kräfteverteilenden Eigenschaften der Bandscheibe kommen. Die Bandscheibe entartet und degeneriert. Diesen Zustand kann man mit einem platten Autoreifen vergleichen. Neben »schicksalsmäßigen« Gewebsveränderungen der Bandscheibe durch Verschleiß und Zermürbung können auch von außen auf die Zwischenwirbelscheibe einwirkende Fehlbelastungen die Funktionstüchtigkeit beeinträchtigen, so z.B. bei Störungen der Festigkeit in den Wirbelbögen (Spaltbildung [Spondylolyse]; Wirbelgleiten [Spondylolisthesis]).

Auf Röntgenbildern erkennt man die beginnende Bandscheibendegeneration infolge Gewebealterung und Verlust des Wasserbindungsvermögens an einer Verminderung des Zwischenwirbelraumes. Bei weiter fortschreitenden Veränderungen findet sich darüber hinaus an den Wirbelkörperrändern eine knöcherne Verdichtung (Osteochondrose). Daneben können sich stärker ausgeprägte Randwulstbildungen an den Wirbelkörpern (Osteophyten) und an den Wirbelkörpervorderkanten ausbilden, etwa an der Stelle, wo sich das vordere Längsband vom Wirbelkörper abhebt und den Zwischenwirbelraum überspannt (Spondylosis deformans;

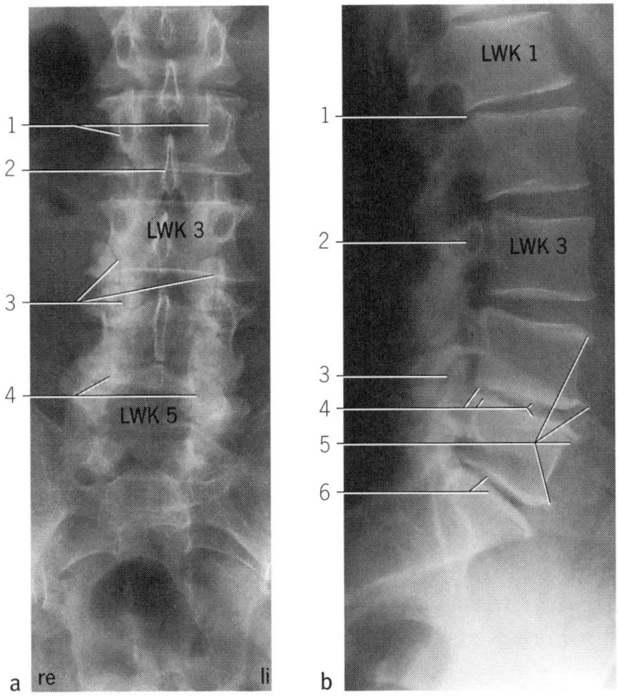

Abb. 12: Röntgen-Übersichtsaufnahmen einer degenerativ veränderten Lendenwirbelsäule in der Aufsicht (a) von der Seite (b): Osteochondrose, Spondylarthrose und Spondylosis deformans

a) 1 – Wirbelbogenfüße LWK 2; 2 – Dornfortsatz LWK 2; 3 – deutliche Spondylarthrose LWK 3/4 beidseits (rechts betont); 4 – Spondylarthrose LWK 4/5
b) 1 – Rückwärtsverschiebung (Retrolisthesis) des LWK 1; 2 – schräg getroffener Bogenfuß LWK 3; 3 – Spondylarthrose LWK 4/5; 4 – Osteochondrose mit Verschmälerung des Zwischenwirbelraumes LWK 4/5; 5 – Spondylosis deformans LWK 4 und LWK 5; 6 – schwere Osteochondrose lumbosakral

s. Abb. 5b, S. 20). Knochenbildende Reaktionen an den Rändern der kleinen Wirbelgelenke (Spondylarthrose) lassen sich computertomographisch am besten nachweisen (Abb. 18).

Die röntgenologischen und computertomographischen Zeichen einer Bandscheibendegeneration haben für sich genommen keinen Krankheitswert. Den erhalten die mit Hilfe bildgebender Verfahren sichtbar gemachten Bandscheibenveränderungen erst dann, wenn sich Beschwerden einstellen, die der ärztlichen Behandlung bedürfen.

Bandscheibenverlagerung

Die beschriebenen Riß- und Spaltbildungen in der Bandscheibe sind Voraussetzung dafür, daß sich der Gallertkern und Faserringanteile verlagern können (Abb. 13a). Es kann dann entweder zu einer Bandscheibenvorwölbung (Protrusio) oder zu einem Bandscheibenvorfall (Prolaps) kommen. Bandscheibenvorfälle sind selten Vorfälle des Gallertkerns alleine; meist handelt es sich um zerrissene degenerative Teile des Faserrings.

Ist der äußere Faserring noch im Zusammenhang erhalten und wird er durch das gelockerte und in ihn eingedrungene Gewebe des Gallertkerns vorgetrieben, so spricht man von einer Vorwölbung der Bandscheibe (Abb. 13b).

Der funktionstüchtige Gallertkern und der erhaltene Faserring verleihen der Bandscheibe ja ihre Eigenschaft, wie ein Wasserkissen zu wirken; ist aber der Faserring zerstört, und lassen Gallertkern und Faserring keine eigentliche Unterscheidung mehr erkennen, sondern besteht die Bandscheibe aus mehr oder minder weichem degenerierten Knorpel, hat sie keine Innenspannung mehr. Die Bandscheibe »walkt« dann wie ein halb aufgepumpter Reifen und wölbt sich vor. Mit Hilfe bildgebender Verfahren lassen sich diese Vorwölbungen nachweisen (Magnetresonanztomographie [MRT]).

Ist auch der äußere Faserring eingerissen, so kommt es zu einem Bandscheibenvorfall. Die Austrittsrichtung ist entweder nach hinten seitlich (Abb. 13c) oder nach hinten zur Mitte (Abb. 13d). So wie ein Autoreifen mit zu wenig Luftdruck unter Belastung plötzlich in Stücke zerreißen kann, so ist dies auch bei der degenerierten Bandscheibe: Sie kann in Teilen abgestoßen werden. Man spricht dann von einem sequestrierten Bandscheibenvorfall. Bandscheibensequester können entweder unter dem hinteren Längsband liegen und dieses in den Wirbelkanal vortreiben, das hintere Längsband durchbrechen und dann in den Wirbelkanal hineinragen, oder sie werden frei im Wirbelkanal angetroffen.

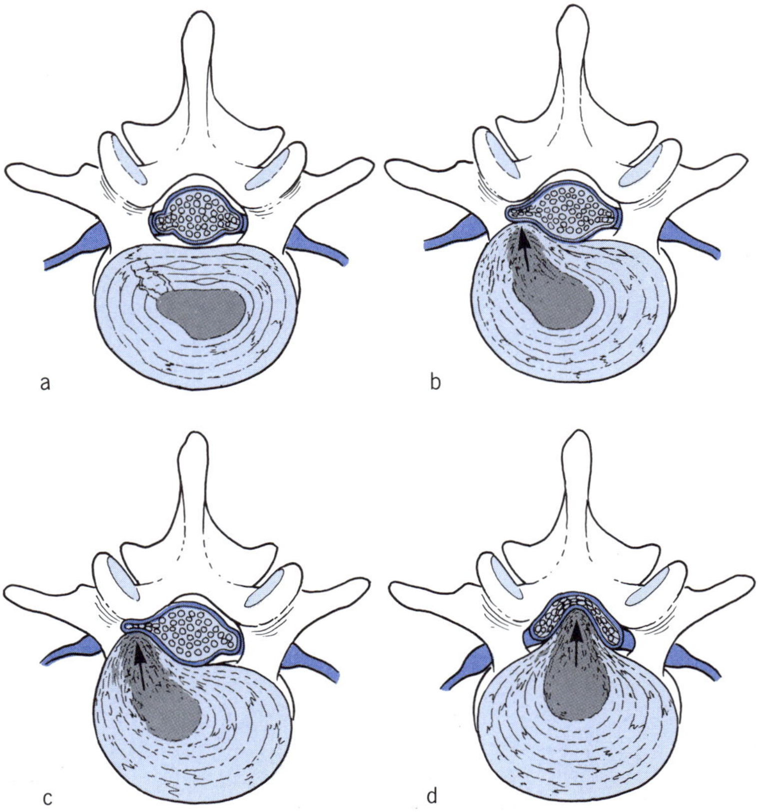

Abb. 13: a) Riß- und Spaltbildung der Bandscheibe als Voraussetzung für eine Bandscheibenverlagerung; b) einseitige (laterale) Bandscheibenvorwölbung links mit Druck auf die Nervenwurzel (rückbildungsfähig); c) einseitiger (lateraler) Bandscheibenvorfall links; d) Bandscheibenvorfall nach hinten zur Mitte (medialer Bandscheibenvorfall)

Wenn der Schmerz von alleine wieder verschwindet

Gewebliche Umbauvorgänge ermöglichen in Ausnahmefällen eine Festigung (= Fibrosierung) krankhaft veränderter Bandscheiben. Dann können sich nicht nur Rückenbeschwerden, sondern auch Beinschmerzen bessern oder verschwinden. Die Rückbildungstendenz von Schmerzzuständen ist abhängig von der Schwere der Riß- und Spaltbildungen, von dem Ausmaß der Vortreibung bzw. der Größe und Richtung der Absprengung von Bandscheibengewebsanteilen. Die »echte« Selbstausheilung ist ein allerdings sehr seltenes Ereignis.

Die klinische Unterscheidung zwischen einer Bandscheibenvorwölbung und einem Bandscheibenvorfall ist schwierig zu treffen. Im Hinblick auf die Behandlungsstrategie sollte jedoch versucht werden, eine Differenzierung zu erreichen; denn eine Bandscheibenvorwölbung kann sich auch spontan zurückbilden. Daher wird eine Vorwölbung der Bandscheibe nur in besonders gelagerten Ausnahmefällen operiert, z.B. die harte, unbewegliche (fixierte) jugendliche Bandscheibenprotrusion mit therapieresistenten Schmerzen. Es gibt aber auch Berichte von »echten« radiologisch gesicherten Bandscheibenvorfällen, bei denen eine spontane Schmerzbesserung eintrat, zum Beispiel von Patienten, die längere Zeit auf den Operationstermin warten mußten. Da ein schmerzfreier Patient ohne oder mit nur unwesentlichen neurologischen Störungen nicht operiert werden soll, steht der Arzt nun vor dem Problem, einem Patienten erklären zu müssen, daß die Operation abgesagt werden muß, obwohl die bildgebenden Verfahren (CT; MRT) »eindeutig« einen Bandscheibenvorfall zeigen, den man noch vor kurzer Zeit für operationsnotwendig gehalten hat.

Das Problem dieser scheinbaren »Selbstausheilung« stellt sich deshalb, weil das subjektive Empfinden des Patienten nicht immer mit den objektiv vorhandenen und dargestellten Befunden übereinstimmt. Es kommt sehr darauf an, ob und wie die empfindliche (irritable) Nervenwurzel von dem verlagerten Bandscheibengewebe gereizt wird. Die bildgebenden Verfahren deuten krankhafte Befunde an, die dem Arzt Vermutungen nahelegen, das Befinden des Patienten aber ist Ausdruck der wirklichen, d.h. der wirkenden Kompression des verlagerten Bandscheibengewebes. Ist der Patient schmerzfrei, fühlt er sich subjektiv gesund und bestehen keine schwerwiegenden Lähmungen, kann trotz des radiologisch »objektiv« nachgewiesenen Bandscheibenvorfalls davon ausgegangen werden, daß eben keine schmerzauslösende, bandscheibenbedingte Raumforderung im Wirbelkanal vorliegt. In diesen Fällen verbietet sich eine Operationsempfehlung.

Einer scheinbaren »Selbstausheilung« zuzurechnen ist auch die Beobachtung, daß sich frei im Wirbelkanal befindliche Bandscheibenteile (Sequester) verlagern können und dann keinen Druck mehr auf die Nervenwurzeln ausüben. Beschwerdefreiheit oder Besserung der Schmerzen ist die Folge. In Fällen plötzlich einsetzender Schmerzfreiheit ist durch den Arzt zu prüfen, ob sich im Zusammenhang mit dem nachlassenden Schmerz eine Lähmung entwickelt hat, welche dann doch zur Operation zwingt (s. S. 61).

Kreuz- und Beinschmerzen bei krankhaften Bandscheibenveränderungen

Der funktionelle Wandlungsprozeß im Bandscheibengewebe hat Auswirkungen auf das Bewegungssegment: auf die Stellung der Wirbelgelenke, auf die Höhe des Zwischenwirbellochs und damit auf die Weite der Nervenwurzelaustrittsöffnung.

Die Riß- und Spaltbildungen der Bandscheibe führen also zu einer Leistungsstörung im Bewegungssegment. Die geweblichen Veränderungen verursachen die Bandscheibenlockerung, die zunächst durch die Rumpfmuskulatur ausgeglichen oder kompensiert wird. Erst wenn die muskulären Leistungsreserven erschöpft sind, kommt es zur Funktionsstörung der Muskulatur. Man spricht dann von Muskelinsuffizienz. Dumpfe, nicht lokalisierbare Ermüdungsschmerzen sind die Folge. Die Beschwerden klingen gewöhnlich in Ruhe ab. Das kann der Beginn einer Erkrankung eines oder mehrerer lumbaler Bewegungssegmente sein. Der Betreffende muß lernen, »wirbelsäulenbewußt« zu leben.

Eine Leistungsstörung im Bewegungsabschnitt kann ebenfalls durch eine Spannungsänderung und eine Volumenschwankung der Bandscheibe hervorgerufen werden. Örtliche oder fortgeleitete Schmerzen sind die Folge. Der Zwischenwirbelabschnitt steht bei normaler Belastung in Mittelstellung. Eine anhaltend starke Wirbelsäulenbelastung hat eine vermehrte Flüssigkeitsabgabe zur Folge. Dadurch wird das Belastungsgleichgewicht des Bewegungssegments gestört (Abb. 14a). Durch die krankhafte Volumenverminderung kommt es zu einer Verschmälerung des Spaltes der kleinen Wirbelgelenke und über eine Stauung der Blutgefäße zu einem Druck auf die Nervenwurzel durch Raumbeengung im Zwischenwirbelloch. Neben örtlichen Schmerzen kann es in diesem Stadium zu fortgeleiteten Beinschmerzen kommen. Eine gleichzeitige Bandscheibenvorwölbung verstärkt das Schmerzbild. Umgekehrt kann es auch bei längerer Entlastung der Wirbelsäule durch übermäßige Flüssigkeitsaufnahme zu Störungen der physiologischen Bandscheibenfunktion kommen. Eine krankhafte Flüssigkeitsaufnahme der Bandscheibe führt dann zu einem Klaffen des Gelenkspaltes und zu einer Dehnung der Gelenkkapsel (Abb. 14b).

Hierdurch läßt sich die vielfach von den Patienten erwähnte morgendliche schmerzhafte Unbeweglichkeit erklären. Die nach längerer Ruhelage entlastete und aufgetriebene Bandscheibe gerät wieder unter den Muskelzug und wölbt sich vor. Die so verursachten Beschwerden bessern sich oder verschwinden nach körperlicher Bewegung innerhalb weniger

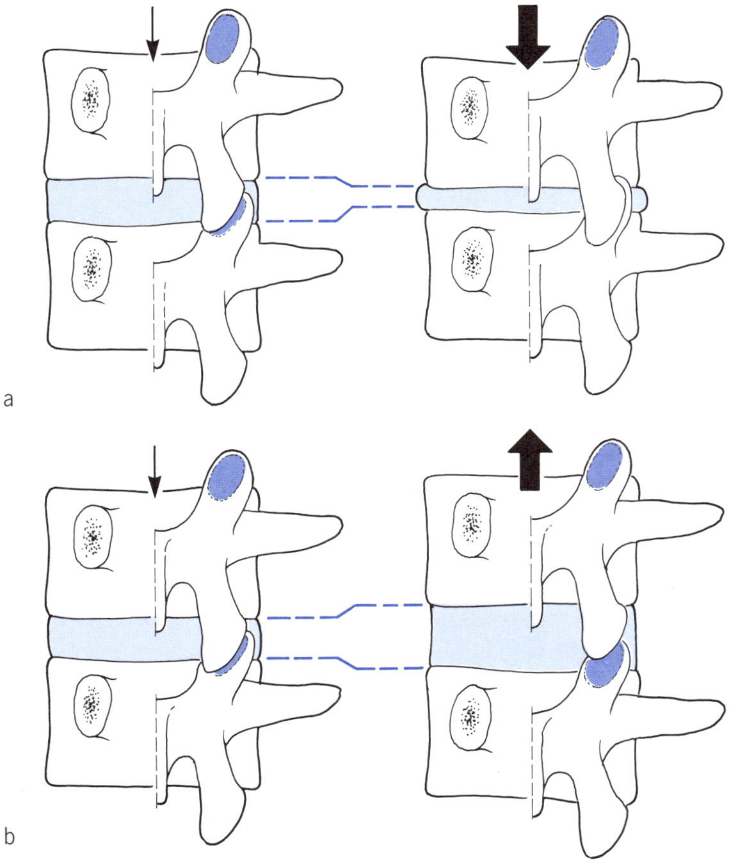

Abb. 14: a) Zwischenwirbelabschnitt mit kleinem Wirbelgelenk in Mittelstellung bei *normaler Belastung* und bei anhaltend *starker Belastung* der Bandscheibe. Hier Verschmälerung des Zwischenwirbelraumes und des Gelenkspaltes; b) Zwischenwirbelabschnitt mit kleinem Wirbelgelenk in Mittelstellung bei *normaler Belastung* und bei anhaltend *starker Entlastung*. Hier Erweiterung des Zwischenwirbelraumes und des Gelenkspaltes (nach Krämer).

Stunden (»Anlaufschwierigkeiten«). Anlauf- und Ruheschmerzen entstehen nach diesem Denkmodell demnach dadurch, daß nach oder während einer durch Ruhe bedingten Dehnphase die Gelenke in ihre alte Mittelstellung zurückgekehrt sind und hierdurch Kapselschmerzen entstehen, da die Gelenkkapsel auf die (chronische) Fehlstellung hin bereits mit einem anatomischen Umbau reagiert hat.

Stärkere und länger anhaltende, örtlich genauer bestimmbare Schmerzen zeigen an, daß der degenerative Prozeß fortgeschritten ist. Die zerstörte Bandscheibe ermöglicht größere Gelenkausschläge und verursacht damit ein überbewegliches (hypermobiles) Bewegungssegment. Dadurch werden wiederum ins Schmerzhafte gehende Gelenkpositionen ermöglicht, die zu reflektorischen Muskelverspannungen führen. Objektiv findet man eine schmerzhafte Muskelverhärtung und infolgedessen eine schmerzhafte Beweglichkeitseinschränkung der Lendenwirbelsäule. Tritt nach kurzer Ruhezeit keine Besserung ein, so wird ärztliche Beratung notwendig. Die Schmerzzustände können sich über Jahre wiederholen.

Plötzlich auftretende, blitzartig einschießende lokale Schmerzen im Lendenwirbelsäulenbereich werden volkstümlich als »Hexenschuß« (Lumbago) bezeichnet. Die gewöhnlich auch zur Brustwirbelsäule ausstrahlenden Schmerzen gehen mit einer Schmerzschonhaltung einher und sind von einem muskulärem Hartspann der Rückenmuskulatur und einer oft erheblichen, schmerzbedingten Beweglichkeitseinschränkung begleitet. Neben der häufigsten Ursache, dem Bandscheibenschaden, muß u.a. an entzündliche und tumoröse Ursachen gedacht werden. Eine Bandscheibenvorwölbung kann durch Druck des vorgetriebenen Faserrings auf die Nervenwurzeln zusätzlich zu Beinschmerzen führen (»Ischias«).

Eine Bandscheibenvorwölbung ist spontan oder nach konservativer Behandlung rückbildungsfähig. Aufgrund der möglichen Rückverlagerung der vorgetriebenen inneren Bandscheibenanteile können sich die durch Nervenwurzeldruck verursachten Beinschmerzen verlieren.

Besondere diagnostische Probleme bereiten in Abhängigkeit von der Körperhaltung auftretende, immer wiederkehrende (chronisch-rezidivierende) »Belastungskreuzschmerzen«, z.B. beim sogenannten Facettensyndrom. Hierunter werden lokale und ausstrahlende Schmerzzustände zusammengefaßt, die von den lumbalen Wirbelgelenken ausgehen. Typisch sind in Gesäß, Oberschenkel und Leisten (Hoden) ausstrahlende Schmerzen, die nicht wie beim Bandscheibenvorfall dem Versorgungsbereich einer Nervenwurzel entsprechen und daher als pseudoradikulär bezeichnet werden. Ihre Behandlung ist ebenfalls problematisch. Bei Versagen aller konservativen Behandlungsmaßnahmen werden verschiedene operative Verfahren empfohlen (Denervation; Facettomie; Thermokoagulation).

Bandscheibenvorfall im Bereich der Lendenwirbelsäule

Eine Sonderform der Bandscheibenerkrankung, nicht zuletzt im Hinblick auf die Behandlung, ist der Bandscheibenvorfall im Bereich der Lendenwirbelsäule, lumbaler Bandscheibenvorfall genannt. Die Krankheitsvorgeschichte unterscheidet sich in der Regel nur unwesentlich von der bei Patienten mit einer Bandscheibenvorwölbung.

Die Länge der Krankheitsvorgeschichte (Anamnese), langjährige Rückenschmerzen, immer wiederkehrende schmerzfreie Intervalle, das Auftreten von ein- oder beidseitigen Beinschmerzen, die auf konservative (nichtoperative) Behandlung nicht ansprechen, sind Hinweise auf einen Bandscheibenvorfall. Die Beweglichkeitseinschränkung der Lendenwirbelsäule in Verbindung mit oft unerträglichen örtlichen (lokalen) und ausstrahlenden Schmerzen mit genauer Angabe über den Verlauf der Schmerzstraße machen die Diagnose wahrscheinlich.

Schmerzen und mögliche Ausfallserscheinungen sind abhängig von der Höhe des Gewebedurchbruchs, von seiner Lage und Richtung zum Wirbelkanal und zu den Nervenwurzeln (Abb. 15). Ausfallserscheinungen (Funktionsstörungen) lassen sich durch ärztliche Untersuchung nachweisen. Überwiegend findet sich dabei eine Herabsetzung der Gefühlsempfindung bei Berührung. Eine Muskelschwäche oder ein Ausfall der Bein- und Fußmuskulatur wird von dem Patienten in der Regel selbst erkannt (Stolpern, Hängenbleiben mit dem Fuß, Einknicken im Knie beim Treppensteigen, Absinken in der Hüfte). Die Schwere des Schmerzbildes ist kein Gradmesser für die Größe des abgestoßenen Bandscheibenstücks, des Bandscheibensequesters.

Die Höhe der erkrankten Bandscheibe kann in der Regel durch eine ärztliche (neurologische) Untersuchung anhand der Ausfallserscheinungen bestimmt werden. Wenn beispielsweise die erste Kreuzbein- oder Sakralwurzel (Wurzel S_1) betroffen ist, fällt ein bestimmter Muskeleigenreflex aus, die Gefühlsempfindung kann entlang des »Generalstreifens« gestört sein (Abb. 16a), und wenn sich eine Lähmung (Parese) entwickelt hat, ist der Patient nur schwer oder gar nicht mehr in der Lage, auf einem Bein stehend in den Zehenstand zu gehen (Abb. 16b). Häufiger kommt eine Störung der 5. Lendennervenwurzel mit Schwäche oder Ausfall der Fuß-, Zehen- und Großzehenhebung vor (Abb. 16c). Eine Schädigung der Nervenwurzeln L_4 und L_3 geht in der Regel mit einer Schwäche im Oberschenkel einher, der betroffene Patient knickt beim Treppensteigen mit dem Knie ein. In gleicher Weise sind charakteristische Ausfallerscheinungen bei Schädigung anderer Nervenwurzeln durch höher gelegene Bandscheibenvorfälle möglich. Es können auch mehrere Nervenwurzeln betroffen sein, am häufigsten kombinierte Störungen der Nervenwurzeln L_5 und S_1.

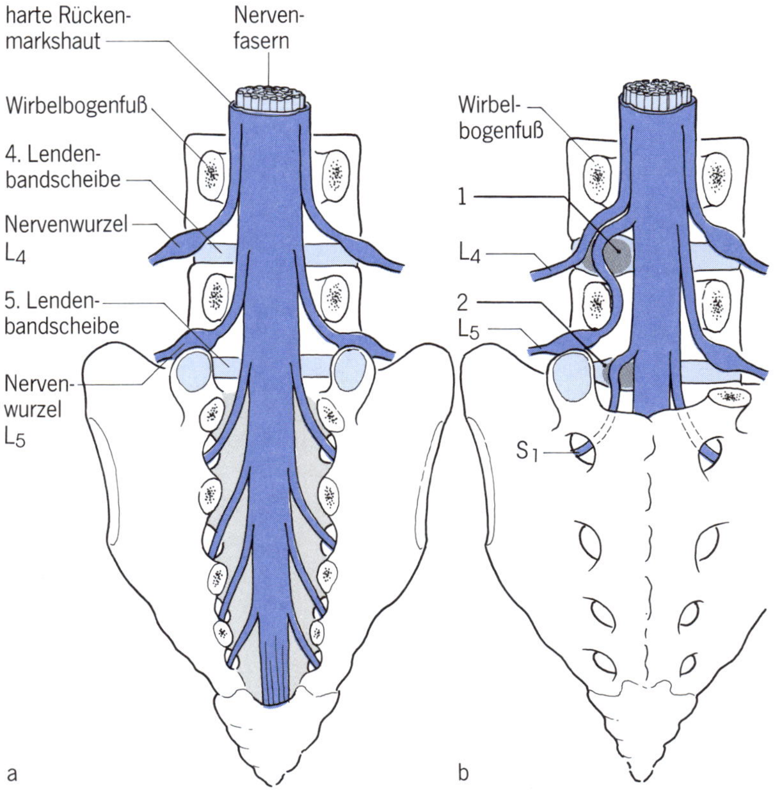

Abb. 15: a) Normale Lagebeziehung der Nervenwurzeln zu den Bandscheiben. Wirbelbögen und Kreuzbeindach sind abgetragen (Ansicht von hinten)
b) Nervenwurzelschädigung bei Bandscheibenvorfall (1 = Druck auf L_4 und L_5; 2 = Druck auf S_1). Wirbelbögen sind abgetragen (Ansicht von hinten)

Wenn sich aufgrund des Drucks des Bandscheibenvorfalls auf eine oder mehrere Nervenwurzeln eine Muskellähmung entwickelt, kann es zu einem Nachlassen der Schmerzen kommen. Diese Erscheinung wird oft fälschlicherweise als Besserung oder als Behandlungserfolg gewertet.

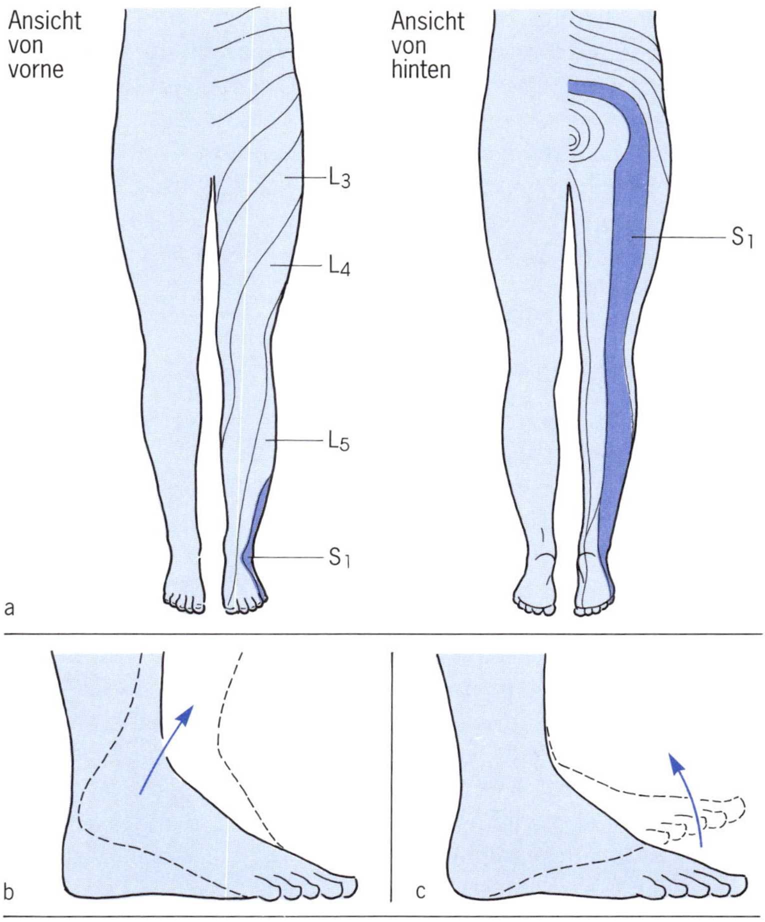

Abb. 16: Beispiele für neurologische Ausfälle bei Bandscheibenvorfall:
a) Gefühlstörung der Wurzel S_1 bei Vorfall der 5. Lendenbandscheibe (» Generalstreifen«);
b) vollständige Fußsenkerlähmung durch Schädigung der Wurzel S_1: Zehenstand auf einem Bein nicht möglich;
c) vollständige Lähmung der Wurzel L_5: Fuß- und Zehenhebung nicht möglich

Durch den Bandscheibenvorfall wird die Leitungsfunktion der Nervenwurzel unterbrochen, vergleichbar einem abgeknickten Wasserschlauch, aus dem dann kein Wasser mehr fließen kann. In dieser Phase der Krankheitsentwicklung stellt sich die Frage der Operation.

Störungen beim Wasserlassen und beim Stuhlgang, sogenannte Blasen- und Mastdarmstörungen, sind häufig entweder schmerzbedingt oder als Hinweis auf eine beginnende, ernstzunehmende seltene Störung bestimmter Funktionszentren im Wirbelkanal (Konus-Kauda-Störung) anzusehen. Haben die ärztlichen Untersuchungen ergeben, daß ein Bandscheibenvorfall Ursache dieser schwerwiegenden Befunde ist, muß sofort eine operative Behandlung eingeleitet werden, wenn sie erfolgreich sein soll. Ausfallserscheinungen dieser Art in Verbindung mit Lähmungen bestimmter Gesäßmuskeln (»Watschelgang«) und in den Beinen sind bei entsprechender Krankheitsvorgeschichte gewöhnlich Folge eines medialen Bandscheibenvorfalls (s. Abb. 13d, S. 32).

Mögliche Ursachen des Bandscheibenvorfalls

Je umfangreicher und ausgeprägter das Wissen über krankhafte Veränderungen der Bandscheibe ist, um so deutlicher wird es, daß die Faktoren, die den krankmachenden Vorgang in Bewegung bringen, unbekannt geblieben sind. Bis heute ist es nicht eindeutig bewiesen, wodurch der Krankheitsprozeß ausgelöst wird. Konstitutionelle, d.h. in der Einzelperson vorhandene (auch erbliche?) Voraussetzungen sind bedeutsam. Es muß eine im einzelnen Menschen festgelegte Anfälligkeit zur Erkrankung bestehen. Eine früh einsetzende, überdurchschnittliche Belastung durch körperliche Arbeit kann als Teilursache für Wirbelsäulenerkrankungen in Frage kommen, eine andere wird in der »Motorisierung der Gesellschaft« gesehen: Wir verbringen immer mehr Zeit *sitzend* in Fahrzeugen aller Art – PKW, Bahn, Bus, Nutzfahrzeuge, Flugzeug – und sind dort Vibrationen (Schwingungen) und Fliehkräften (beim Bremsen, Beschleunigen und bei Kurvenfahrten) ausgesetzt, die von den Bandscheiben abgefangen werden müssen. Verschiedenste Krankheitszustände mit dadurch bedingter Wirbelsäulenfehlbelastung, falsche Verhaltensweisen bei bekannten angeborenen Aufbaustörungen oder chronischen Schädigungen der Wirbelsäule (z.B. durch Leistungsturnen in der frühen Jugend) können die Entstehung eines Bandscheibenschadens begünstigen.

Gelegentlich können auch arbeitsübliche Verrichtungen (Normalbelastungen) wie Heben, Tragen von Lasten, Bücken, Stehen, Sitzen, Laufen für einen Bandscheibenvorfall verantwortlich sein.

Seit dem 1. Januar 1993 werden bandscheibenbedingte Erkrankungen unter bestimmten Kriterien als Berufskrankheit anerkannt. Für die ärztliche Untersuchung wurden entsprechende Merkblätter geschaffen, die eine einheitliche Einschätzung und Beurteilung erlauben. (Zweite Verordnung zur Änderung der Berufskrankheiten-Verordnung v. 18. Dezember 1992, Bundesgesetzbl. Teil I, Nr. 59 vom 29. Dezember 1992, Art. 1,4).

- Bandscheibenbedingte Erkrankungen der Lendenwirbelsäule durch langjähriges Heben oder Tragen schwerer Lasten oder durch langjährige Tätigkeit in extremer Rumpfbeugehaltung, die zur Unterlassung aller Tätigkeiten gezwungen haben, die für die Entstehung, die Verschlimmerung oder das Wiederaufleben der Krankheit ursächlich waren oder sein können (Nummer 2108)
- Bandscheibenbedingte Erkrankungen der Lendenwirbelsäule durch langjährige, vorwiegend vertikale Einwirkung von Ganzkörperschwingungen im Sitzen, die zur Unterlassung ... (Nummer 2110)

Ein Unfallgeschehen ist nur selten Ursache für einen Bandscheibenvorfall. Allgemein wird unter einem *Unfall* ein plötzliches, erhebliches, von außen auf den Körper einwirkendes Ereignis verstanden, welches den Rahmen der betriebsüblichen Arbeit überschreitet. Hat man zu prüfen, ob ein Bandscheibenschaden oder ein Bandscheibenvorfall unfallbedingt ist, so ist zu klären, ob ein Schaden der Bandscheibe bereits vor dem Unfall nachweisbar war oder ob die Schädigung der Bandscheibe aus gesundem Vorzustand erfolgte. Die Anerkennung des Unfallzusammenhangs ist immer an bestimmte Voraussetzungen geknüpft, sofern nicht zweifelsfrei eine unfallbedingte Zerreißung der Bandscheibe vorliegt. Solche Voraussetzungen sind ein echtes (adäquates) Trauma, Beschwerdefreiheit vor dem Unfall, zeitgleiches Einsetzen der Beschwerden nach erfolgter Gewalteinwirkung. Kommt es zur operativen Behandlung, kann die Zusammenhangsfrage letztendlich durch die feingewebliche Untersuchung des Bandscheibengewebes geklärt werden.

Feststellung (Diagnose) des Bandscheibenvorfalls

Im allgemeinen kann die Diagnose aufgrund der körperlichen Untersuchung durch den Arzt gestellt werden, unterstützt durch Röntgenaufnahmen der entsprechenden Wirbelsäulenabschnitte. Neben der neurologischen Befunderhebung lassen sich mit neurophysiologischen Methoden Störungen der Nervenleitungs- und Muskelfunktion nachweisen (Elektrodiagnostik). Im Falle diagnostischer Zweifel stehen heute sehr differenzierte, aber gewöhnlich zeitaufwendige Untersuchungsmethoden zur Verfügung, die jedoch nur selten angewandt werden müssen. Muskellähmungen werden nach einer vorgegebenen Skala graduell erfaßt. Genaue Angaben des Betroffenen über Beschwerdeentwicklung und Schmerzbild sind jedoch unerläßlich und erleichtern es dem Arzt, die Diagnose zu stellen.

Die klinisch gestellte Diagnose wird mit Hilfe bildgebender Verfahren gesichert, überwiegend noch durch die spinale Computertomographie, zunehmend jedoch durch die MR-Tomographie, die bei bestimmten Fragestellungen bessere diagnostische Aussagen erlaubt, weil die Lendenwirbelsäule ganzheitlich dargestellt werden kann und eine Betrachtung in verschiedenen Ebenen möglich ist. Normalerweise aber ist die diagnostische Sicherheit der Computertomographie – auch für die Diagnosestellung vor einer Operation – ausreichend, zudem ist sie noch kostengünstiger.

Die Kontrastmitteluntersuchung (lumbale Myelographie) hat für die Diagnose eines Bandscheibenvorfalls im Lendenwirbelbereich zugunsten der spinalen Computer- (spCT) und vor allem der Magnetresonanztomographie (MRT) an Bedeutung verloren. Mit der spCT und mit Einführung der MRT wurde der Nachweis eines lumbalen Bandscheibenvorfalls wesentlich erleichtert und ist zuverlässiger möglich geworden (Abb. 17 und

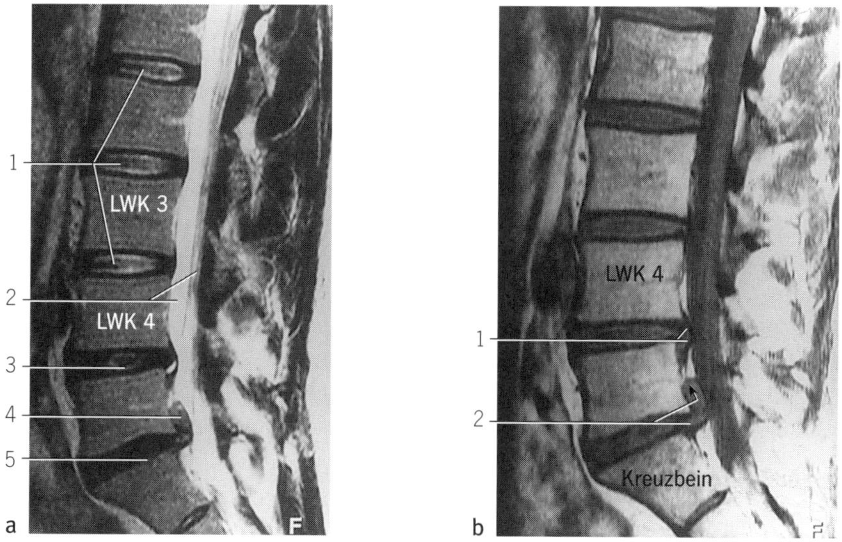

Abb. 17: Magnetresonanztomographie (MRT): Darstellung eines aus dem Zwischenwirbelraum nach hinten oben rechts ausgetretenen Bandscheibenvorfalls LWK 5/S1 und einer Bandscheibenvorwölbung LWK 4/5; unterschiedlich fortgeschrittene Bandscheibendegeneration.
a) (seitlich, T2-gewichtet, Nervenwasser weiß, Nervenfasern hinten [dorsal] streifig verlaufend); 1 – normale, flüssigkeitsreiche Bandscheiben; 2 – Wirbelkanal mit Nervenwasser (weiß) und Nervenfasern (streifig); 3 – Bandscheibendegeneration (deutlicher Flüssigkeitsverlust); 4 – Bandscheibenvorfall aus dem Zwischenwirbelraum LWK 5/S1; 5 – fortgeschrittene Bandscheibendegeneration (beinahe vollständiger Flüssigkeitsverlust).
b) (seitlich, T1-gewichtet, Nervenwasser schwarz); 1 – medialer geringer Bandscheibenvorfall mit erhaltenem hinteren Längsband; 2 – Bandscheibenvorfall aus LWK 5/S1 nach hinten oben sequestriert

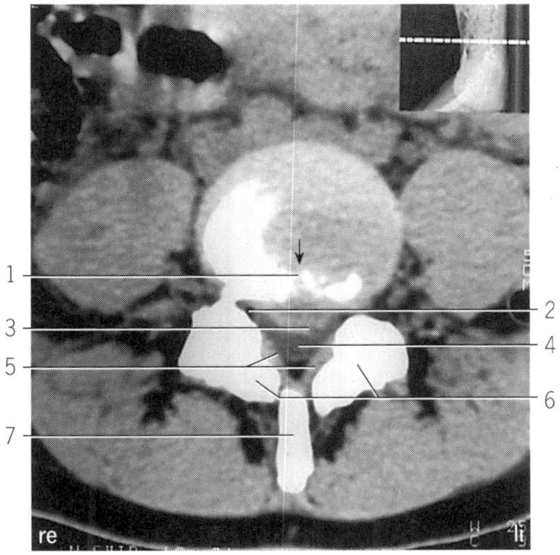

Abb. 18: Spinale Computertomographie (spCT): Ausgedehnter medialer Bandscheibenvorfall LWK 4/5 mit Spondylarthrose (Blasenstörung, beidseitige Nervenwurzelkompression L5).
1 – Stelle des Bandscheibenaustritts; 2 – Lufteinschluß; 3 – Bandscheibenvorfall; 4 – Einengung (Kompression) des Duralsacks; 5 – verdicktes gelbes Band; 6 – Spondylarthrose beidseits (Gelenkspalten nicht erkennbar); 7 – Dornfortsatz

18). Für den Patienten ist die Untersuchung keine Belastung und hinterläßt keine Folgeerscheinungen. Dennoch sollten wegen der möglichen Strahlenbelastung nicht zuviele computertomographische Wiederholungsuntersuchungen angesetzt werden. Die MRT hat nach derzeitigem Kenntnisstand keine gesundheitlichen Nachteile.

Die Kontrastmitteluntersuchung des Lendenwirbelsäulenkanals ist zwar in den Hintergrund getreten, sie ist aber gerade auch in Verbindung mit der spinalen Computertomographie (Myelo-CT oder CT-assistierte Myelographie) keineswegs entbehrlich geworden.

Für die Kontrastmitteluntersuchung wird eine Hohlnadel in die Mitte des Wirbelkanals der Lendenwirbelsäule eingeführt (Abb. 19). Der Kranke liegt bei diesem als Lumbalpunktion bezeichneten Eingriff auf der Seite oder sitzt. Dabei wird wenig Nervenwasser zur laborchemischen Untersuchung entnommen, auch um andere Erkrankungen auszuschließen. Nach Einspritzen eines Kontrastmittels werden Röntgenaufnahmen angefertigt, die die Feststellung und Ortsbestimmung des Bandscheibenvorfalls oder seinen Ausschluß erlauben.

Das wasserlösliche Kontrastmittel hinterläßt keine Folgen und wird innerhalb von sechs bis acht Stunden über die Nieren aus dem Körper

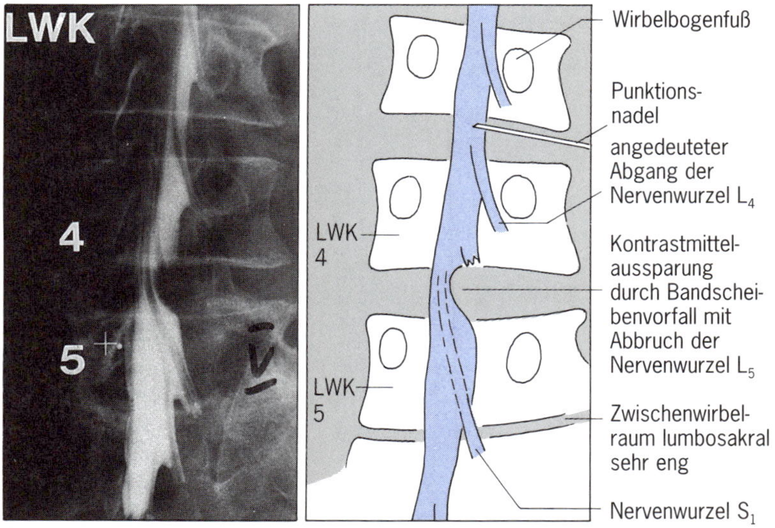

Abb. 19: Kontrastmitteluntersuchung (lumbale Myelographie) mit eingezeichneter Punktionsnadel und Darstellung eines Bandscheibenvorfalls zwischen LWK 4/5 (schräge Darstellung: Ansicht von hinten links seitlich)

ausgeschieden. Gelegentliche Begleiterscheinungen einer Kontrastmitteluntersuchung sind Kopfschmerzen und Steifigkeitsgefühl in der Nackengegend. Übelkeit oder Erbrechen können auftreten. Die Ursache hierfür liegt in dem durch die Punktion erfolgten Nervenwasserverlust. Aus diesem Grunde ist eine 24stündige Bettruhe vorteilhaft. Sechs Stunden bleibt der Oberkörper nach dem Eingriff hochgelagert, anschließend wird eine flache Rückenlage eingenommen. Ausreichende Flüssigkeitszufuhr ist zum Ausgleich des Nervenwasserverlustes notwendig. Während dieser Zeit sind die Einnahme alkoholischer Getränke und das Rauchen zu vermeiden. Der Eingriff wird mit einem kurzen stationären Aufenthalt verbunden.

Auch wenn die technischen Verbesserungen der Magnetresonanztomographen zuverlässigere Untersuchungsergebnisse liefern, dient die Kontrastmitteluntersuchung immer noch als Funktionsmyelographie dazu, Kenntnis über die Einengung (Stenose) des Wirbelkanals bei bestimmten Bewegungsabläufen (Vor-, Rückwärts- und Seitneigung) vor einer geplanten Operation zu erhalten. Das Kontrastmittel färbt das im Lendenwirbelkanal reichlich vorhandene Nervenwasser an, so daß dadurch die Weite, aber eben auch krankhafte Einengungen bildlich dargestellt werden können. Die Myelographie zeigt dem Operateur, wieviel Platz im Wirbelkanal vorhanden ist. So ist der Abbruch der Kontrastmittelsäule (myelographischer Stopp) Hinweis darauf, daß die Nervenfasern zusammengedrückt werden und jederzeit eine funktionelle Dekompensation (z.B. eine Lähmung) eintreten kann. Der Abbruch der Kontrastmittelsäule bei einem engen Wirbelkanal ist dagegen eine überzeugende Operationsindikation.

Weil besser verfügbar, ist die Kontrastmitteluntersuchung unentbehrlich in Fällen unklarer Prozesse im Wirbelkanal, vor allem dann, wenn es sich um einen Notfall handelt, eine MRT-Untersuchung örtlich nicht durchgeführt werden kann und ein Transport für den Patienten eine nicht zumutbare Belastung oder eine Gefahr bedeutet.

Diagnostische Schwierigkeiten können gerade bei neuerlichen oder anhaltenden Schmerzzuständen nach Bandscheibenoperationen auftreten, wenn festzustellen ist, ob anhaltende oder wieder aufgetretene Schmerzen nach einer Operation durch einen erneuten Bandscheibenvorfall (Bandscheibenvorfall-Rezidiv) oder durch Narbenbildung verursacht sind. Hier leistet die Myelographie oder nur die Eingabe von wenig Kontrastmittel in den Wirbelkanal in Verbindung mit der Computertomographie wertvolle diagnostische Hilfe (Abb. 20). Zweifellos ist in besonders gelagerten Fällen jedoch mit der MR-Tomographie eine differen-

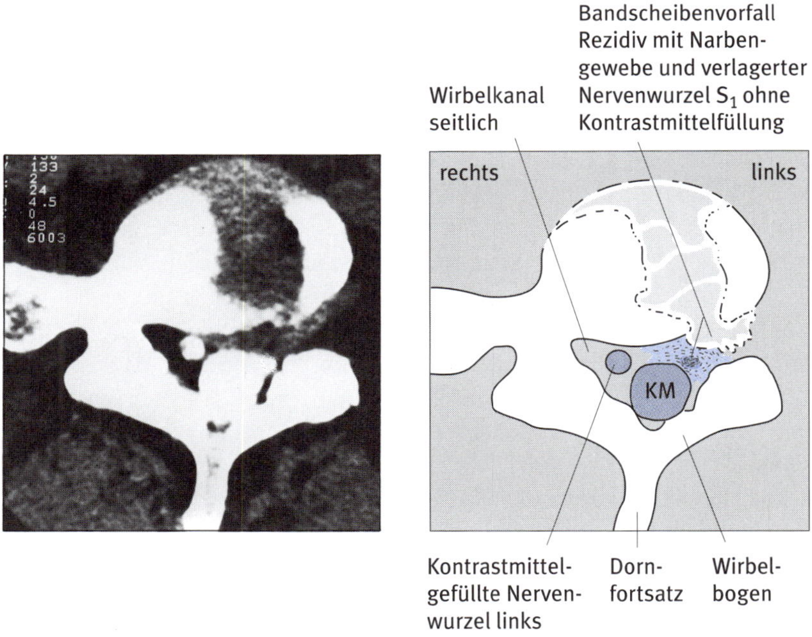

Abb. 20: Computerassistierte Myelographie (Myelo-CT): Bandscheibenvorfall-Rezidiv lumbosakral mit fehlender Kontrastmittelmarkierung infolge narbig eingeengter und narbig veränderter Nervenwurzel S_1.

ziertere, über die übliche Fragestellung hinausgehende Aussage möglich, so z.B. zur Auffindung von zystischen Ausstülpungen der Rückenmarkshaut, die, wirken sie raumfordernd, Ursache für chronische Kreuzbeinschmerzen sein können.

Kreuzschmerzen anderer Ursache

Der Kreuzschmerz wird entweder lokalisiert oder diffus im Bereich der Lendenwirbelsäule und des Kreuzbeinübergangs empfunden. Bandscheibenveränderungen sind zwar eine sehr häufige Ursache, der Kreuzschmerz darf aber nicht nur als mechanische Störung aufgefaßt werden. So können z.B. wirtschaftliche Probleme allgemein, die den Kranken beschäftigen, Einfluß auf die Entstehung und Unterhaltung von Kreuzschmerzen nehmen und zu dem Problemkreis »Wirbelsäule und Psyche« überleiten. In erster Linie kommen Kreuzschmerzen jedoch bei körperlichen Erkrankungen vor.

Das Bandscheibenleiden ist zwar die häufigste Ursache für Kreuzschmerzen, jedoch sind nicht alle Schmerzen der Lumbalregion bandscheibenbedingt. Neben angeborenen oder erworbenen Wirbelkörper- und Wirbelsäulenveränderungen können biochemische und immunologische Prozesse, rheumatische und neurologische Erkrankungen sowie Erkrankungen der Nieren und der ableitenden Harnwege mit Kreuzschmerzen einhergehen. Kreuzschmerzen finden sich häufig auch bei Schlaflosigkeit und bei Magen-Darm-Erkrankungen. Ebenso können Rückenschmerzen Ausdruck von Wirbelkörpertumoren und Tochtergeschwülsten (Metastasen) im Lendenwirbelsäulenbereich sein. Intraspinale Tumoren der Nervenfasern oder der Nervenwurzeln können ebenfalls Rücken- und auch Beinschmerzen hervorrufen. Diese Tumoren kündigen sich öfter durch heftige lokale Schmerzen an, bevor sie zu sich langsam entwickelnden neurologischen Störungen führen. Typisch sind, wie bei der Spinalkanalstenose, Ruheschmerz und nächtliche Schmerzen in den Beinen.

Rückenschmerzen, die von den Bändern, den kleinen Wirbelgelenken, den sehnigen Ansätzen der Muskulatur und von den Gelenkkapseln ausgehen können (s. S. 15), sind von Schmerzzuständen der Becken-Kreuzbein-Verbindung (Iliosakralfuge) abzugrenzen und häufig Ursache lokaler Schmerzzustände nach Bandscheibenoperationen.

Selten kommt es unter Behandlung mit Medikamenten, die eine Bluteindickung verhindern sollen (Antikoagulantienbehandlung), zu Blutungen im Wirbelkanal mit zunächst dumpfen Rücken- und Beinschmerzen und relativ plötzlich auftretenden neurologischen Ausfällen.

Der Kreuzschmerz bei Kindern und Jugendlichen bedarf immer ärztlicher Untersuchung und Beratung. Neben Haltungsschäden sind Wirbelsäulenverkrümmungen und entzündliche oder nichtentzündliche Wirbel- und Wirbelsäulenveränderungen mögliche Ursachen. Nur in Ausnahmefällen wird ein Bandscheibenvorfall bei Kindern oder Jugendlichen beobachtet.

Es ist bekannt, daß insbesondere bei den Monatsblutungen der Frau, bei Frauenerkrankungen und in der Schwangerschaft Kreuzschmerzen verstärkt in Erscheinung treten.

An dieser Stelle sind nur die häufigsten Ursachen angeführt worden.

In jedem Fall ist es ratsam, ja notwendig, daß bei unbestimmbaren Kreuzschmerzen, die länger andauern und hartnäckig sind, der Arzt aufgesucht wird.

Wirbelkanalstenose

Knöcherne Neubildungen an den hinteren Wirbelkörperkanten und relative Veränderungen (Verdickungen) an den kleinen Wirbelgelenken können gleichfalls Beschwerden auslösen. Mit ein- oder beidseitigen Beinschmerzen einhergehend können sie bandscheibenbedingten Schmerzzuständen sehr ähnlich sein. Solche degenerativen (erworbenen) Gewebeumwandlungen führen zu Verengungen des lumbalen Wirbelkanals und der Zwischenwirbellöcher. Die zumeist gleichzeitig vorhandene Bandscheibenvorwölbung engt den Wirbelkanal weiter ein und wirkt dadurch zusätzlich schmerzunterhaltend. Außer den erworbenen Umbauprozessen mit Wulstbildungen an den Wirbelkörperkanten und Verdickungen im Bereich der kleinen Wirbelgelenke (Spondylarthrose) ist gelegentlich Narbengewebe nach Bandscheibenoperationen verantwortlich für erneute Beschwerden (postoperative Wirbelkanalstenose). Daneben gibt es angeborene Ursachen, die die Raumgröße und den Rauminhalt des lumbalen Wirbelkanals verringern können (kongenitale Wirbelkanalstenose, Wirbelfehlbildungen, Wirbelgleiten [Spondylolisthesis]) und Spinalkanalstenosen nach Verletzungen der Wirbelsäule und/oder der Wirbelkörper [posttraumatische Wirbelkanalstenose]). Ausdruck einer Wirbelkanalstenose können auch Beschwerden sein, die Durchblutungsstörungen im Bereich der Beine vortäuschen.

Infolge des verengten Wirbelkanals kommt es bei Bewegung des Patienten zu einem allgemeinen Druck auf die im mittleren und unteren Kanal der Lendenwirbelsäule verlaufenden Nervenfasern. Schmerzhafte Mißempfindungen und krampfartige Schmerzen in den Beinen sind die Folge (»Claudicatio intermittens der Cauda equina«). Dieses Krankheitsbild, das bei Männern häufiger als bei Frauen beobachtet wird, äußert sich charakteristischerweise dadurch, daß die Beinschmerzen beim Bergabgehen stärker werden und in Ruhe durch leichte Rumpfvorbeugung

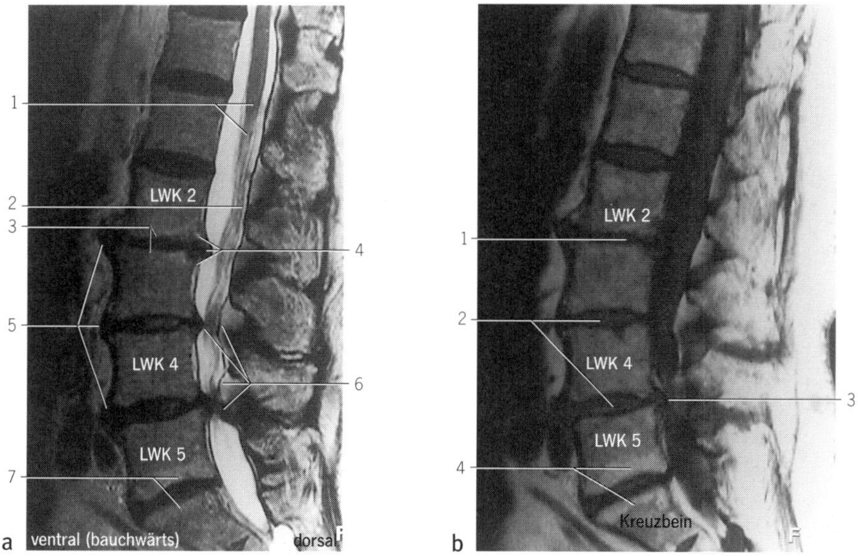

Abb. 21: Magnetresonanztomographie (MRT): Wirbelkanalstenose, Osteochondrose, Spondylarthrose mit verdickten (hypertrophierten) gelben Bändern (Ligamenta flava) in den Höhen LWK 2/3–LWK 5/S1, Bandscheibenvorfälle, Spondylosis deformans.
a) (seitlich, T2-gewichtet, Nervenwasser weiß, Nervenfasern hinten [dorsal] streifig verlaufend); 1 – Rückenmarkende in Höhe LWK 1, Konus-Kauda-Bereich; 2 – Nervenfasern (Cauda equina); 3 – Osteochondrose mit vollständiger Bandscheibendegeneration (fehlender Flüssigkeitsgehalt der Bandscheibe); 4 – Bandscheibenvorfall LWK 2/3; 5 – Spondylosis deformans; 6 – dorsale und ventrale Wirbelkanaleinengung (verdickte Ligamenta flava, Spondylarthrose, Bandscheibenvorwölbung LWK 3/4 und BSV LWK 4/5); 7 – fettige Degeneration LWK 5/S1;
b) (seitlich, T1-gewichtet, Nervenwasser schwarz); 1 – Osteochondrose deutlicher dargestellt; 2 – Osteochondrose mit auffälliger Flüssigkeitsverarmung der Bandscheiben (fortgeschrittene Bandscheibendegeneration); 3 – BSV LWK 4/5 deutlicher sichtbar; 4 – fettige Degeneration LWK 5/S1 (weiß demarkiert)

verschwinden: Die Kranken spüren, wenn sie sich nach vorne beugen und an einem Tisch, einer Stuhllehne oder an einer Parkbank sich abstützen (»Parkbank-Phänomen«), eine deutliche Schmerzerleichterung, während die Krankheitserscheinungen wieder zunehmen, wenn sich die Wirbelsäule beim Gehen in die Hohlkreuzposition schiebt.

Der Nachweis einer Wirbelkanalstenose wird durch Röntgenaufnahmen der Lendenwirbelsäule, mit Hilfe der spinalen Computertomographie (u.a. Bestimmung der Weite bzw. der Enge des Wirbelkanals), mit Hilfe der Magnetresonanztomographie oder durch eine Kontrastmitteluntersuchung (Funktionsmyelographie) der Lendenwirbelsäule geführt. Bei Versagen der konservativen (nichtoperativen) Behandlungsmaßnahmen ist eine operative Entlastung der Nervenwurzeln und der Nervenfasern angezeigt. Ausmaß und Grad einer Wirbelkanalstenose bestimmen das operative Vorgehen. Immer wird es notwendig sein, eine ausreichende Druckentlastung (Dekompression) der Nervenstrukturen zu schaffen. Gefährlich ist eine unvollständige operative Entlastung. Ist man daher gezwungen, Operationsverfahren anzuwenden, die eine Instabilität des Bewegungssegments hervorrufen oder verstärken können, wird eine Stabilisierung (Fusionsoperation s. S. 68) notwendig werden.

Wirbelsäule und Psyche

Nicht in jedem Fall lassen sich Schmerzen im Bereich der Wirbelsäule vom behandelnden Arzt organisch faßbar einordnen. Die Wirbelsäule kann als Ort zahlreicher Störfaktoren in einem weiten Wechselspiel von bewußtem und unbewußtem Schmerzerleben gesehen werden. Als Ausdruck der »inneren Haltung« des Menschen ist sie Projektionsfeld seelisch verankerter und nichtsteuerbarer Schmerzäußerungen. Je mehr man sich dann »hängen« läßt, desto mehr verschleißt man die geschaffenen Strukturen der Wirbelsäule und desto wahrscheinlicher münden neue Schmerzformen in den Schmerzzyklus ein. Der sich aktiv »haltende«, locker Stehende hat viel seltener Rückenschmerzen als der »Gramgebeugte« oder der »Niedergeschlagene«. Eine entscheidende Rolle fällt der Muskulatur zu.

Die Möglichkeit, daß derartige nicht steuerbare Vorgänge auf das eigene Schmerzerleben Einfluß nehmen, muß vor allem dann berücksichtigt werden, wenn die mechanistischen Vorstellungen von der Schmerzauslösung versagen und die darauf abgestellte Behandlung keinen Erfolg hat. Es ist bekannt, daß ungelöste innere Konflikte, sogenannte Affektspannungen, zu einer Fehlinnervation der Muskulatur umgesetzt werden können, ohne daß diese Fehlschaltungen dem betroffenen Menschen bewußt werden. Diese Erläuterung ist nötig, um zu verstehen, daß Rücken- oder Kreuzschmerzen vielfach andere als durch Bandscheibenveränderungen bedingte Ursachen haben können.

Selbstverständlich liegen der engen Wechselbeziehung zwischen Wirbelsäule und Psyche weitaus kompliziertere und unübersichtlichere Regelmechanismen zugrunde, als nach der sehr vereinfachten Darstellung und den allgemein gehaltenen Erklärungen vermutet wird. Eine geschickte psychische Führung durch den Arzt ist als Begleitbehandlung jedenfalls hilfreich, zumal bekannt ist, daß Rückenschmerzen gehäuft bei depressiven Patienten beobachtet werden.

Verständlicher mutet das psychisch auffällige Verhalten vieler Patienten mit einem klinisch gesicherten Bandscheibenvorfall an. Infolge monate- oder jahrelanger Schmerzen, vieler erfolgloser konservativer Behandlungsversuche und nicht zuletzt gewöhnt an Medikamente, geraten diese Kranken in eine Konfliktsituation, die ihren Ausgangspunkt in einem organischen Kern, einer operativ behandelbaren Erkrankung, hat. Die Patienten lassen vorwiegend depressive Grundzüge erkennen, in denen Gleichgültigkeit und Resignation vorherrschende Elemente sind. Hinzu kommt, daß eine lange Krankheitsdauer die Angst um soziale Sicherheit bei Älteren und die Befürchtung des Jüngeren, beruflich und privat ins Hintertreffen zu geraten, das psychische Zustandsbild wesentlich beeinflussen. So ist es erfreulich, die Auflösung derartiger Konfliktsituationen nach erfolgreicher Bandscheibenoperation beobachten zu können.

Behandlung von Bandscheibenleiden

Konservative (= nichtoperative) Behandlung

Die Zahl der Patienten mit Kreuz- und Beinschmerzen wird immer größer. Entsprechend sind Empfehlungen für die Behandlung bandscheibenbedingter Schmerzen nach Zahl und Art kaum mehr überschaubar. Es kann hier nur auf die wichtigsten Behandlungsmöglichkeiten hingewiesen werden. Diese müssen sich ergänzen und sollten einander nicht entgegenwirken. Wichtig ist ferner, die richtige Reihenfolge der Behandlungsabläufe zu wählen.

Am Anfang jeglicher Behandlung steht die Diagnose. Diese stellt der Arzt. Nicht jeder Kreuz- oder Beinschmerz hat seine Ursache in einer Bandscheibenerkrankung.

Die verschiedenen konservativen Behandlungsvorschläge lassen sich am besten nach Therapieprinzipien ordnen, die nachfolgend kurz vorgestellt werden.

Allgemeine Maßnahmen

Der Patient weiß oft am besten, welche Verhaltensweise ihm bestmöglichste Schmerzerleichterung bringt. Der Therapeut sollte das in seinem Behandlungsplan berücksichtigen.

Zunächst versucht man, bei Auftreten von Beschwerden mit einer unspezifischen Allgemeinbehandlung auszukommen. Bettruhe auf ausreichend fester Unterlage ist das Mittel der Wahl bei örtlichen Schmerzen. Eine gleichzeitige Stufenbettlagerung mit dem Ziel, die gereizten Nervenwurzeln zu entlasten, wird häufig, aber nicht immer als angenehm empfunden (Abb. 22).

Die schmerzbedingte Fehlhaltung der Wirbelsäule ruft durch den anhaltend erhöhten Dauertonus (Spannungszustand) Schmerzen an den Muskel- und Sehnenansätzen hervor. Entzündungshemmende Medikamente (Antiphlogistika) mit gleichzeitig schmerzstillender Komponente

(Analgetika) in Verbindung mit sogenannten neurotropen Vitaminen und muskelentspannenden Mitteln sollen hier einen raschen Rückgang der Schmerzen bewirken. Die Verordnung der Medikamente ist Arztsache, der auch die weiteren Behandlungen einleitet und überwacht.

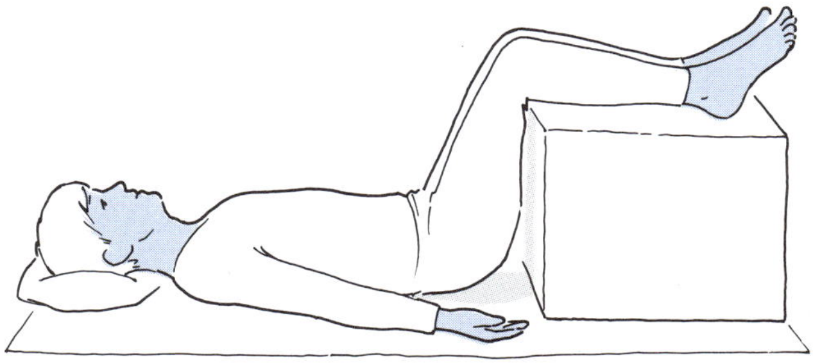

Abb. 22: Stufenbettlagerung zur Entlastung der Lendenwirbelsäule

Ärztliche Behandlung

Therapeutische Lokalanästhesie (TLA). Ebenso wie die »Quaddel«-Behandlung (Haut; Muskulatur; Muskel-Sehnen-Ansätze) mit örtlich wirkenden schmerzblockierenden Lösungen (Lokalanästhetika) hat auch die Injektionsbehandlung mit entzündungshemmenden und entquellenden Medikamenten, denen schmerzstillende oder schmerzhemmende Zusätze beigegeben sind, das Ziel, die Schmerzleitung der gereizten Nerven und Nervenwurzeln zu unterbrechen. Die schnelle Wirkungsweise erklärt ihren Einsatz zu Beginn der Behandlung. Die Einspritzung (Injektion) erfolgt an den Ort der diagnostizierten Schmerzentstehung. Die häufigsten Einspritzungen (Infiltrationen) werden neben den Wirbelkörpern (paravertebral), zwischen die Dornfortsätze (interspinös), in die Kreuz-Darmbeingelenke (ileosakral) und in die Wirbelgelenke (Facetten) vorgenommen. In diesem Zusammenhang muß auch die vielfach geübte Reischauer-Blockade erwähnt werden, die die Schmerzschwelle herabsetzen und daher günstige Voraussetzungen für die nachfolgenden Behandlungen schaffen soll.

Weitere, auch zur Beseitigung postoperativer Schmerzzustände **erprobte Behandlungsmethoden** können zur Anwendung kommen, erfordern aber in ihrer Wahl besondere Erfahrung und Übung: Einspritzungen um die harte Rückenmarkshaut, hintere oder dorsale Periduralinfiltration (lang dauernd mit Hilfe eines liegenden Katheters vorzunehmen), kaudale Periduralinjektion (Sakralanästhesie), unter die harte

Rückenmarkshaut (intrathekale Instillation) oder als Form der paraspinalen Infiltrationsbehandlung die Facetteninjektion, wobei in besonderer Weise die schmerzleitenden Fasern der reichlich vorhandenen Nervengeflechte in der Kapsel der kleinen Wirbelgelenke vorübergehend betäubt werden (s. auch S. 15). Die enzymatische Auflösung der erkrankten Bandscheibe (Chemonukleolyse) ist eine weitere Form der Injektionstherapie (intradiskale Injektion).

Durch **Streckung (Extension)** des Körpers kann man ebenfalls versuchen, die gereizte oder geschädigte Nervenwurzel zu entlasten. Um diese Wirkung zu erreichen, müssen Vorbedingungen erfüllt sein und sind Forderungen an die Extensionsvorrichtung zu stellen. Sie betreffen ihre Anwendbarkeit in der Praxis und beziehen sich auf Ansatzpunkte der Zugkraft, die verschieden dosierbar sein muß, verbunden mit Möglichkeiten, diese und die Körperstellung des Patienten zu ändern. Neben Geräten (z.B. Schlingentisch) und Streckbandagen verschiedener Machart führen bestimmte Lagerungen (z.B. Stufenbettlagerung) und verschiedene krankengymnastische Übungen zu der gewünschten Extensionswirkung auf die Lendenwirbelsäule. Unter genauer Beachtung von Gegenanzeigen (z.B. nach Bandscheibenoperationen) wird nach positivem Extensionstest die Streckbehandlung durch Wärmeapplikation (z.B. Fango) vorbereitet.

Orthopädische Rumpfstützen (Orthesen). Rumpfstützen, entweder starr (Korsett), elastisch (Mieder) oder als Zwischenform gefertigt, sind Bestandteile der Behandlung bandscheibenbedingter Schmerzen im Lendenwirbelsäulenbereich. Durch sie wird die Wirbelsäule ruhiggestellt (passive Stabilisierung), sie helfen, schmerzhafte Bewegungen zu verhindern, oder sie sollen durch Korrektur der Wirbelsäulenstellung neben anderen Behandlungszielen den Bandscheibeninnendruck senken und die Nervenwurzel, z.B. bei einer durch Bandscheibenverwölbung ausgelösten Ischialgie, entlasten (dynamische Flexionsorthese). Orthesen sind ebenso wie krankengymnastische Bewegungsübungen für die Behandlung akuter lumbaler Schmerzen ungeeignet. Orthopädische Rumpfstützen sollten generell bei Lumbalsyndromen und nach unkomplizierten Bandscheibenoperationen zurückhaltend verordnet werden. Vorübergehend getragen, können sie nach Operationen an der Bandscheibe für den Patienten hilfreich sein. Beim Postdiskektomiesyndrom jedoch sind Orthesen im Zusammenwirken mit isometrischen Anspannungsübungen (aktive Stabilisierung) sinnvoll, um die Auswirkungen der Instabilität zu begrenzen. Rumpfstützen zu verordnen ist Aufgabe des Operateurs und bei ambulanter Behandlung des Orthopäden. Neben einer klaren Indikationsstellung für ihre Anwendung ist es wichtig zu wissen, daß es auch Kontraindikationen gibt, die ihre Verordnung verbieten.

Zu den konservativen Behandlungsmaßnahmen bei wirbelsäulenbedingten Schmerzen müssen auch jene diagnostischen und therapeutischen Handgrifftechniken (Chirotherapie) gerechnet werden, die unter dem Begriff der **manuellen Medizin** zusammengefaßt sind. Diese Behandlungen setzen eine gründliche ärztliche Untersuchung voraus und dürfen nur von Ärzten vorgenommen werden, die in der manuellen Medizin ausgebildet sind.

Chirotherapeutische Anwendungen sind nicht erlaubt, wenn ein Bandscheibenvorfall vermutet wird oder wegen eines Bandscheibenvorfalls operiert wurde.

Die Wirbelsäulenschmerzbehandlung durch **Akupunktur** ist in den letzten Jahren immer mehr in den Blickpunkt der wissenschaftlichen Medizin gerückt. Die Methode hat ihren Stellenwert und ist geeignet, Schmerzzustände im Bereich der Wirbelsäule und der Muskulatur zu lindern und zu bessern. Die Akupunktur ist eine von einer bestimmten Anschauung getragene Behandlungsart. Sie sollte nur von dafür ausgebildeten Ärzten durchgeführt werden. »Ein Arzt, der die Akupunktur mit anwendet, muß sich der Verantwortung gegenüber der Wissenschaft und seinem Patienten ganz besonders bewußt sein. Er muß die Grenzen der Methode kennen, und er darf keine falschen Hoffnungen erwecken, aber auch keine Möglichkeit des Helfens außer acht lassen« (Stiefvater).

Physikalische Behandlung

Örtliche **Wärmeanwendungen** (Thermotherapie) bringen, vor allem im Anfang des Schmerzgeschehens, Linderung. Es ist jedoch zu betonen, daß in gleicher Weise dadurch eine Schmerzverstärkung eintreten kann, so daß individuell geprüft werden muß, ob diese Behandlungsmaßnahmen eingeleitet werden dürfen. Wärmeanwendungen werden häufig in Form von heißen Rollen, Heißluftkasten, Fangopackungen und Bädern durchgeführt. Die so erreichte Durchblutungsförderung soll zu einer Verringerung der Schmerzen führen. Daher erfreuen sich diese einfachen Behandlungsvorschläge großer Beliebtheit.

Örtliche **Kälteanwendungen**, die ebenfalls zur besseren Durchblutung und gleichzeitig zur stärkeren Schmerzlinderung führen, können akute Schmerzzustände günstig beeinflußen. Jedoch ist auch hier, individuell verschieden, eine entgegengesetzte Wirkung möglich. Kältebehandlungen müssen vorsichtig überlegt und dürfen nicht zu lange angewandt werden, um Erfrierungen zu vermeiden. Gleichzeitige Bewegung führt noch zu einer Massagewirkung.

Eine **Bäderbehandlung**, vor allem im Thermalbad (z.B. Schwefelbad), wirkt sehr intensiv auf den Körper und den Kreislauf, so daß ihre Verordnung, auch im Hinblick auf Gegenanzeigen, nur nach Untersuchung und durch den Arzt erfolgen darf. Unspezifische Wannenbäder mit Zusätzen führen ebenfalls zu einer Durchblutungsverbesserung. Bei akuten Schmerzformen (z.B. akuter Bandscheibenvorfall mit völliger Wirbelsäulenblockierung) ist diese Behandlung jedoch wegen der Rundung des Rückens in der Wanne nicht möglich.

Andere Anwendungsformen der **Elektrotherapie**, wie Galvanisation, Interferenzstrom, Kurzwellendurchflutung, auch *Ultraschalltherapie*, beruhen auf den gleichen Wirkungsprinzipien. Im Körper wird Wärme erzeugt, dadurch die Durchblutung verbessert und die Muskulatur entspannt. Die Impulsstrombehandlung nimmt innerhalb der Elektrotherapie eine Sonderstellung ein.

In der allgemeinen Behandlung von Wirbelsäulenschmerzen hat die **Massage** eine Sonderstellung. Im einfachsten Falle reibt, drückt oder massiert der Kranke seine schmerzhaften Körperstellen selbst. Die fachmännisch durchgeführte Massage versucht, die Schmerzlinderung durch gezielte Auswahl und Anwendung von Techniken zu erreichen. Das Ziel der Massagebehandlung ist es, über eine verbesserte Durchblutung einen günstigen Stoffwechselzustand des Muskels herbeizuführen, damit Verspannungen nachlassen. Die Unterwasserstrahlmassage ist neben der Muskel-, Reflexzonen- und Bindegewebsmassage geeignet, mit medikamentöser Unterstützung Schmerzen zu bessern. Der Vorteil der Unterwassermassage ist der, daß der Körper im warmen Wasser entspannt ist und dadurch gute Voraussetzungen geschaffen werden, damit sich Muskelverspannungen lösen können. Sehr heftige Schmerzzustände machen eine Massage undurchführbar. Das ist der Fall, wenn jeder Berührungsreiz von der Muskulatur mit noch stärkerer Verspannung beantwortet wird. Auch ein erkranktes Gelenk kann sich durch vermehrte Muskelspannung vor schmerzhafter Bewegung schützen.

Massagen der Lendenwirbelsäule sollten jedoch bei einem diagnostizierten akuten Bandscheibenvorfall mit Beinschmerzen nicht durchgeführt werden!

Krankengymnastik

Die Krankengymnastik (KG) arbeitet mit einer Übungsauswahl, die die jeweilige Erkrankung berücksichtigt. Gezielte Übungen, immer auf den Patienten abgestimmt, verbessern die Durchblutung, beseitigen Verspannungen und führen zu einer Muskelkräftigung. Das Ziel des Muskeltrainings ist es, die Muskulatur für die Anforderungen des täglichen Lebens leistungsfähig zu machen. Zu Übungen aus entlastender Stellung kommen Übungen in Belastung, Haltungs-, Bewegungs- und Gebrauchsschulung, die im Übungsteil vorgestellt werden.

Die krankengymnastische Behandlung darf keine Schmerzen verursachen. Im akuten Schmerzzustand sind aktive Krankengymnastische Übungen sinnlos.

Das **Bewegungsbad** unterstützt die krankengymnastische Behandlung vorteilhaft, da gegen den Widerstand des Wassers durchgeführte Bewegungen die Muskulatur kräftigen. Gleichzeitig wird das Zusammenspiel der Muskeln gefördert. Durch die Auftriebskraft des Wassers ist die Wirbelsäule entlastet, das ermöglicht in besonderen Fällen schmerzarmes Üben im Stehen und Gehen. Das Gefühl für die richtige Haltung und ihre Kontrolle kann leichter erlernt werden. Außerdem begünstigt die Auftriebskraft leicht bewegungsfördernde Übungen, sollte dieses gewünscht werden.

Perkutane lumbale Diskektomie (Nukleotomie)

In dem Bemühen, die Behandlung von bandscheibenbedingten Beschwerdezuständen zu verbessern, wurden weniger eingreifende (minimal invasive) Verfahren entwickelt, die nicht nur die Risiken der offenen mikrochirurgischen Behandlung senken sollen, es wird durch ihre Anwendung gleichfalls eine Kostendämpfung im Gesundheitswesen erwartet. Die Behandlung von Schmerzen, ausgelöst durch Bandscheibenveränderungen, stellt bekanntermaßen einen erheblichen Kostenfaktor dar. Zwar zieht die folgerichtig durchgeführte konservative Therapie keine Komplikationen nach sich, sie ist aber zeitaufwendig, erfordert daher vom Patienten Geduld, kann zu Fehlzeiten am Arbeitsplatz führen und sich somit nachteilig im sozialen und privaten Umfeld auswirken. Dennoch sollten auch perkutane Verfahren erst dann durchgeführt werden, wenn die konservative Behandlung nicht den gewünschten Erfolg erbracht hat.

Das Verfahren der perkutanen Diskektomie (Nukleotomie) ist in der Öffentlichkeit besser als »Absaugmethode« bekannt. Der Begriff der »Diskektomie« hat sich allgemein eingebürgert, wenngleich er ungenau ist, da nur Teile und nicht die ganze Bandscheibe entfernt (Diskotomie) oder »abgesaugt« werden. Allen Anwendungsformen (Varianten) der perkutanen Vorgehensweise gemeinsam ist, daß sie keine Alternative zur Operation sind, sondern lediglich das Spektrum der Behandlung erweitern.

Die hier vorgestellten Verfahren sind im engeren Sinne auch kein Bindeglied zwischen konservativer und operativer Therapie. Sie stehen vielmehr in Konkurrenz zu den nichtoperativen Methoden. Daher wird verständlich, daß Befürworter einer bevorzugt konservativen Behandlungsrichtung keine, oder nur eine zurückhaltende Berechtigung zur Anwendung perkutaner Verfahren sehen, zumal diese fast ebenso hohe Komplikationsraten haben wie die operative Therapie. So kann eine der schwerwiegendsten operativen Komplikationen, die Entzündung des Zwischenwirbelraums mit Übergreifen auf die angrenzenden Wirbelkörper gleichermaßen bei den perkutanen Eingriffen auftreten (0,1%–2,5%).

Im Gegensatz zur offenen mikrochirurgischen Technik wird bei der perkutanen lumbalen Diskektomie durch die Haut hindurch (perkutan) über einen Führungsdraht ein starres röhrenförmiges Instrument schrittweise von seitlich außen an die Bandscheibenbegrenzung herangeführt. Der Patient befindet sich in Seit- oder Bauchlage, der Einstichwinkel beträgt in einem festgelegten Abstand zur Mittellinie etwa 45 Grad. Der Eingriff wird in Anwesenheit eines Narkosearztes (»Stand by«) unter laufender Bildschirmkontrolle in örtlicher Betäubung (Lokalanästhesie) vorgenommen. Da der Arzt während des Eingriffs auf Schmerzangaben des Patienten angewiesen ist, wird die allgemeine Schmerzmedikation so dosiert, daß der Arzt-Patienten-Kontakt möglich bleibt. Der Bandscheibeninnenraum kann dank der erheblich verbesserten und verfeinerten Technik zusätzlich optisch (endoskopisch) eingesehen werden.

Die »klassische Indikation« für die perkutane lumbale Diskektomie ist die einseitige Bandscheibenvorwölbung (Protrusio) mit Beinschmerz auf derselben Seite und Mißempfindungen, die dem Versorgungsgebiet einer Nervenwurzel zuzuordnen sind. Der Beinschmerz muß dabei den Lokalschmerz überwiegen! Voraussetzung zur Durchführung des Eingriffs ist die Erfolglosigkeit konservativer Behandlungsmaßnahmen über einen angemessenen Zeitraum. In den Wirbelkanal abgestoßene (sequestrierte), den Zwischenwirbelraum und damit die Wirbelkörperränder nach rückwärts überragende Bandscheibenvorfälle, fortschreitende neurologische Ausfälle oder schon hochgradige Lähmungserscheinungen, Blasen-Mastdarm-Störungen, entzündliche Erkrankungen des Bewegungssegments, Wirbelgleiten (Spondylolisthesis), Instabilitäten der lumbalen Bewegungssegmente, Nachweis erheblicher degenerativer Veränderungen mit knöchern bedingter Nervenwurzelkompression (Wirbelkanalstenose), ausgeprägte Spondylarthrose (Facettensyndrom) sowie vorausgegangene Wirbelsäulen- und Bandscheibenoperationen verbieten den Eingriff ebenso wie internistische Erkrankungen, die mit Blutgerinnungsstörungen verbunden sind. Die Gründe, die gegen eine offene Operation sprechen (s.S. 63) haben hier gleiche Gültigkeit.

Folgende perkutane Verfahren kommen zur Anwendung:

- Manuelle oder automatisierte perkutane lumbale Diskektomie (»Absaugmethode«, APLD)
- Perkutane endoskopische lumbale Diskektomie (PELD)
- Perkutane (endoskopische) lumbale Laser-Nukleotomie (P(E)LLN)
- Enzymatische Auflösung degenerierter Bandscheibenanteile (Chemonukleolyse=CN)

Das Ziel aller Methoden ist, mit Hilfe der vorhandenen technischen Möglichkeiten den krankhaft veränderten und vorgetriebenen Kern der Bandscheibe (Nukleus) zu verkleinern. Die verbesserte technische Ausstattung hat es ermöglicht, daß unter endoskopischer Kontrolle ebenfalls Bandscheibensequester entfernt werden können. Voraussetzung ist allerdings, daß das hintere Längsband unversehrt ist und sich die abgestoßenen Gewebeanteile in der Begrenzung des Zwischenwirbelraumes befinden, allenfalls diesen nur leicht nach hinten überschreiten. Das Wirkungsprinzip besteht demnach darin, den Bandscheibeninnendruck so zu senken, daß dadurch gereizte oder durch Druck geschädigte Nervenwurzeln entlastet werden. Mit automatisierten und biegsamen Instrumenten gelingt die oft schwierige Punktion und Verkleinerung der 5. Lendenbandscheibe leichter.

Die enzymatische Auflösung degenerierter Bandscheibenanteile ist in ihrer Bedeutung deutlich gegenüber den mechanisierten Verfahren gesunken. Mit Chemonukleolyse wird die teilweise Auflösung des erkrankten Gallertkerns der Bandscheibe durch Einspritzen eines aus der Papaya-Frucht gewonnenen Enzyms (Chymopapain) bezeichnet. Die auf chemischem Wege hervorgerufene Verminderung des Volumens von vorgewölbten Bandscheibenteilen führt zu der gewünschten Druckentlastung der Nervenwurzel. Die Chemonukleolyse ist angezeigt in Fällen mit Beinschmerzen (Ischialgien), bei denen sich auch die Indikation zur Operation stellen würde. Die Kriterien für ihre Durchführung gleichen denen bei der perkutanen Nukleotomie.

Da der Eingriff nicht frei von Risiken ist, sind die gleichen strengen Maßstäbe anzulegen, wie sie für die Operation gefordert werden (s.S. 63 oben). Die Gefahr allergischer Reaktionen (anaphylaktischer Schock) durch das pflanzliche Fremdeiweiß erfordert besondere Vorsichtsmaßnahmen. Bei bekannter Überempfindlichkeit gegen die Papaya-Frucht hat der Eingriff, der bei jedem Patienten nur einmal durchgeführt werden darf, zu unterbleiben.

Die Einschränkung in der Anwendung aller perkutanen Verfahren ergibt sich aus der sehr streng zu stellenden Indikation. Die Erfolgsrate der Behandlung wird sehr unterschiedlich angegeben, auch abhängig von der Erfahrung, die der behandelnde Arzt mit dem von ihm bevorzugten Verfahren gemacht hat. Die Häufigkeit der Anwendung perkutaner Verfahren liegt derzeit etwa bei 1 bis 5% im Vergleich zur Anzahl der offenen Bandscheibenoperationen. Die Ergebnisse sind unterschiedlich. Sie führen je nach angewandter Methode von eindeutiger Empfehlung über deutliche Zurückhaltung bis hin zur Ablehnung der Methode. Alle hier aufgeführten perkutanen Verfahren, insbesondere das der Chemonukleolyse, sollten auf medizinische Einrichtungen beschränkt bleiben, in denen routinemäßig auch Bandscheibenvorfälle operiert werden.

Zu den Vorteilen der mechanisierten perkutanen Diskektomie gehört, daß muskuläre Rückenschmerzen deutlich weniger ausgeprägt sind als bei der Chemonukleolyse, im wesentlichen wohl deshalb, weil die Höhe des Zwischenwirbelraums nach dem Eingriff im Gegensatz zur Chemonukleolyse praktisch unverändert bleibt und die zusätzliche Belastung der Wirbelgelenke dadurch ausbleiben kann.

Komplikationen und Therapieversager sind bei der Chemonukleolyse häufiger als bei den perkutanen mechanisierten Verfahren (»Absaugmethode«, hier etwa bis zu 30%). Die Notwendigkeit nachfolgender offener Operationen kann auf 10% bis etwa 15% geschätzt werden.

Mit der Einführung verschiedener Lasersysteme war die Hoffnung verbunden, das Spektrum perkutaner Behandlungsverfahren entscheidend verbessern zu können. Erfahrung in der Handhabung und besondere Kenntnisse der Wirkungsweise sind erforderlich, um bei Gebrauch des Lasers thermische Schädigungen der nervalen Strukturen direkt oder in der Umgebung des Bandscheibenraumes zu vermeiden. Es ist nicht der größere technische Aufwand, der eine allgemeine Einführung verhindert hat, sondern es wird ernsthaft die therapeutische Leistung der Laseranwendung in Frage gestellt. In jüngster Zeit werden jedoch unter Beachtung der strengen Kriterien der Indikation über gute Erfahrungen bei der kombinierten Anwendung von perkutaner und endoskopischer Laser-Diskektomie berichtet.

Zweifellos bedeutet die erleichterte Handhabung durch sehr dünne Endoskope nicht nur eine technische Verbesserung des perkutanen Verfahrens, sondern hier liegt die Chance, minimal-invasiv seitlich gelegene (sogenannte foraminale) und außerhalb des Zwischenwirbelkanals gelegene Sequester verkleinern oder sogar entfernen zu können.

Die zu erwartende fortschreitende technische, instrumentelle und damit verbunden methodische Entwicklung perkutaner Verfahren wird dazu führen, daß die Zahl der offenen Operationen lumbaler Bandscheibenvorfälle bei denkbarer Erweiterung des Indikationsspektrums für perkutane Verfahren gesenkt und die Dauer der stationären Krankenhausaufenthalte kostensparend verkürzt werden.

Viele der Betroffenen, die unter durch Bandscheibendegeneration bedingten Schmerzen leiden, setzen große Hoffnungen in die perkutanen Verfahren, gehen sie doch von der Erwartung aus, ohne große therapeutische Umwege schnell beschwerdefrei zu werden, um in ihren beruflichen Verantwortungsbereich zurückkehren zu können, um gesellschaftlich und privat wieder integriert zu sein. Das kann in Einzelfällen zutreffen. Der verständliche Wunsch nach »schneller« *und* erfolgreicher Behandlung birgt aber nicht nur die Gefahr einer erweiterten Indikationsstellung in sich, sondern er verführt dazu, die Prinzipien der geforderten vorangestellten konservativen Behandlung, einer notwendigen Nachsorge und Weiterbehandlung des Patienten zu vernachlässigen. Berichte über sensationelle therapeutische Erfolge ohne die Notwendigkeit weiterer Behandlungsmaßnahmen bleiben Ausnahmen. Der Patient bedarf nach seiner perkutan durchgeführten Bandscheibenbehandlung nicht nur einer mindestens 24stündigen Überwachung möglichst unter ärztlicher Betreuung, sondern es muß gewährleistet sein, daß der Kranke veranlaßt wird, eine angemessene Ruhezeit zur Entlastung des geschädigten Bewegungssegments einzuhalten, bevor rehabilitative Maßnahmen durch wirbelsäulengerechte und muskelstärkende Übungen zur Anwendung kommen. Diese können ambulant unter Anleitung und Aufsicht von Fachpersonal vorgenommen werden, sofern keine Wirbelsäuleninstabilität vorliegt. Erfahrungsgemäß ist allerdings ein stationärer Aufenthalt in einer Rehabilitationseinrichtung nach erfolgreicher perkutaner lumbaler Diskektomie, wie auch nach offener mikrochirurgischer Behandlung, für die frühzeitige Wiedereingliederung in den beruflichen und sozialen Bereich förderlich. Bei Bestehen einer Wirbelsäuleninstabilität wird die Weiterbehandlung unter stationären Bedingungen notwendig. Zumindest läßt sich belegen, daß bei Patienten, die in der hier geforderten Weise ärztlich und krankengymnastisch betreut wurden, deutlich bessere Behandlungsergebnisse erzielt werden konnten als bei jenen, die ohne weitere ärztliche Führung nach perkutaner Diskektomie wegen anhaltender oder neuerlicher Beschwerden erst später zur Rehabilitationsbehandlung eingewiesen wurden.

Operative Behandlung

Wann wird operiert? (Indikation)

Ein (offener) operativer Eingriff wird nur dann vorgenommen, wenn

1. die Diagnose »Bandscheibenvorfall« gesichert ist **und**
2. eine zielstrebige konservative Behandlung oder andere Behandlungsmethoden erfolglos geblieben sind **und**
3. keine anderen, den Patienten gefährdenden Erkrankungen vorliegen, die (außer bei absolut notwendiger Operationsindikation) die operative Behandlung verbieten.

Es ist zu entscheiden, ob die Operation

- als absolut notwendig oder dringlich notwendig eingestuft und – wenn keine, das Leben des Patienten gefährdenden Risiken vorliegen –
- als notwendig, aber nicht als dringlich angesehen werden muß,
- ob sie in das Ermessen des Patienten gestellt werden kann (fakultative Indikation) oder
- ob sie nicht angezeigt, das heißt kontraindiziert ist.

Absolut notwendige und dringlich notwendige Operation

Eine Operation wird sofort (absolut) notwendig, wenn ein gewöhnlich medialer Bandscheibenvorfall Blasen- und Mastdarmlähmungen und gleichzeitig hochgradige neurologische, (vor allem motorische) Störungen verursacht hat. In diesen Fällen dürfen Vorerkrankungen mit hohem Lebensrisiko (Risikofaktoren) außer acht gelassen werden. Die Querschnittslähmung ist allerdings eine sehr selten vorkommende Komplikation eines Bandscheibenvorfalls.

Eine dringlich notwendige Indikation liegt vor, wenn eine Operation innerhalb kurzer Frist wegen akut aufgetretener, rasch fortschreitender oder sofort hochgradiger Lähmungen (Paresen) vorgenommen werden muß. Die Qualität der durch den Bandscheibenvorfall ausgelösten Gesundheitsstörung bestimmt, inwieweit Risikofaktoren außer acht gelassen werden dürfen.

Notwendige, aber nicht dringliche Operation

Normalerweise werden bei einem gesicherten Nachweis des Bandscheibenvorfalls und bei Fehlen neurologischer Funktionsstörungen (Lähmungen, ausgedehnte Gefühlsstörungen) die Schwere und das Ausmaß des Schmerzbildes für den Zeitpunkt der Operation bestimmend sein. Voraussetzung ist jedoch eine erfolglose konservative Behandlung, die möglichst unter stationären Bedingungen durchgeführt worden sein sollte. In Ausnahmefällen können die Schmerzen so zermürbend sein, daß von diesem Grundsatz abgewichen werden muß. Dem Patienten ist dann jede Maßnahme zur Beseitigung seiner Schmerzen willkommen (»Es muß etwas geschehen – ich halte es nicht mehr aus«).

Die Indikation zur Operation eines Bandscheibenvorfalls mit reiner Kreuz-Bein-Schmerzsymptomatik ist immer gewissenhaft zu überprüfen und muß eng gestellt werden. Leichtere Störungen der Gefühlsempfindung oder der Verlust von Muskeleigenreflexen sind kein zwingender Grund für eine Operation.

Vollständige (komplette), die Qualitäten Schmerz, Gefühl, Motorik umfassende Schädigungen oder unvollständige (inkomplette) Störungen der Leitungsfunktion einer oder mehrerer Nervenwurzeln rechnet man in Abhängigkeit von der zeitlichen Dauer und dem Ausmaß bestehender neurologischer Funktionsbeeinträchtigung dieser Indikationsgruppe zu.

Der Arzt sollte einen Patienten nicht gegen dessen Willen zur Operation bewegen. Besteht eine absolut notwendige Indikation, und der Kranke lehnt den Eingriff ab, muß der Betroffene überzeugt werden, daß nur die Operation weitergehenden gesundheitlichen Schaden von ihm abwenden kann. Auf der anderen Seite ist höheres Alter kein Grund, dem Patienten die operative Behandlung zu verweigern, wenn vor allem die Schmerzen die Lebensqualität erheblich einschränken.

Fakultative (soziale) Operationsindikation

Eine fakultative, auch soziale Operationsindikation ist dann gegeben, wenn wiederholt und ergebnislos konservativ behandelt wurde, perkutane Verfahren versagt haben oder wegen falscher Indikation erfolglos bleiben mußten, wenn die Erkrankung mit langdauernder Arbeitsunfähigkeit zu sozialer Unsicherheit geführt hat, wenn auch ohne sicheren Nachweis eines Bandscheibenvorfalls, jedoch bei Anwesenheit knöcherner Veränderungen der Lendenwirbelsäule, welche die Weite des Wirbelkanals einengen und die Nervenwurzelaustrittsöffnungen verlegen können, eine Funktionsstörung einer oder mehrerer Nervenwurzeln vorliegt und die Operation die letzte mögliche Behandlungsmaßnahme ist. Da die operativen Maßnahmen erfahrungsgemäß ausgedehnter sind und die

Aussichten einer erfolgreichen Operation geringer sein können, muß der Kranke eingehend über die möglichen Auswirkungen unterrichtet werden. Mitentscheidend ist hier die Meinung des Patienten, wie er seine Schmerzen empfindet und wie er diese in Beziehung zu seinem Leben einordnet (»So will ich nicht weiterleben«).

Wann darf nicht operiert werden? (Kontraindikation)

Sind die Voraussetzungen für eine Operation erfüllt und sind die Gründe, die gegen sie sprechen könnten, berücksichtigt worden, so sollte operiert werden.

Ist dagegen die *Diagnose* »Bandscheibenvorfall« *unklar*, handelt es sich um reine Rückenkreuzschmerzen (z.B. aufgrund eines Facettensyndroms) und bestehen *keine Beinschmerzen*, so ist vor einer übereilten Entscheidung zur Operation zu warnen. Zurückhaltung ist geboten, wenn der Patient übergewichtig ist, ein reines Schmerzbeschwerdebild vorliegt und er unzureichend konservativ vorbehandelt worden ist oder wenn der Patient Mißtrauen gegenüber einer Operation hegt. Es ist auch daran zu denken, daß sich seelische Probleme gelegentlich in (psychogenen) Kreuz-Bein-Schmerzen äußern können. Nicht zuletzt kommen auch andere Ursachen außer einer degenerierten Bandscheibe für das Schmerzgeschehen in Frage.

Fehlende diagnostische Hinweise auf einen Bandscheibenvorfall oder auf knöchern bedingte Kompressionen nervaler Strukturen verbieten den operativen Eingriff. Die Schmerzen müssen andere Gründe haben.

Das Aufklärungsgespräch vor der Operation: Worüber muß informiert werden?

Der Arzt stellt aufgrund der vorliegenden Befunde im Einzelfall fest, ob eine Operation notwendig oder sinnvoll ist. Ob operiert wird, hat aber der Patient zu entscheiden. Der Patient muß deshalb wissen, welche Operation vorgesehen ist und welche Belastungen und Risiken sie mit sich bringen kann. Dazu dient das Gespräch zwischen Arzt und Patient. Dieses schafft die Grundlage für ein Vertrauensverhältnis zwischen ihm und dem behandelnden Arzt. Es soll die Hoffnung des Kranken stärken, daß die beabsichtigte operative Behandlung Besserung bringen wird. Der Patient muß aber auch wissen, daß der Arzt keine Wunder bewirken kann und daß die beabsichtigte Operation möglicherweise ohne Erfolg bleiben wird.

Der Arzt muß seiner Aufklärungspflicht einfühlsam nachkommen. Er hat dem Patienten zu erläutern, welche Art der konkreten operativen Behandlung geplant ist, welche Tragweite der Eingriff haben kann und ob es statt der vorgesehenen Operation eine andere gleichwertige Behandlungsmethode gibt, die die Operation unter Umständen entbehrlich macht. Falls es besondere Risiken im Zusammenhang mit der geplanten Operation gibt, muß der Arzt den Patienten darauf hinweisen und hat mögliche Komplikationen und ihre Auswirkungen für den Kranken zu erörtern.

Eine Aufklärung im Operationssaal oder kurz vor der Operation reicht nicht aus. Der Patient muß unbelastet frei entscheiden können, ob er sich operieren läßt. Empfehlenswert ist ein erstes Informationsgespräch bei der ambulanten Vorstellung mit Hinweis auf verständliche Patientenlektüre, danach kann die unmittelbar präoperative Aufklärung mit Einholung der Einverständniserklärung am Tage vor der Operation erfolgen, möglichst jedoch nicht am Abend.

Das *Ziel der Operation* ist es, die Schmerzen, vornehmlich die Beinschmerzen zu beseitigen. Der Erfolg der operativen Therapie kann dadurch begrenzt werden, daß nicht die Ursache, sondern die Folgen der Bandscheibenerkrankung behandelt werden, daß also die Grunderkrankung weiter besteht und neue Beschwerden verursachen kann. Dadurch erklärt sich, daß es keinen 100%igen Behandlungserfolg geben kann. So können auch Kreuzschmerzen fortbestehen.

Das *Risiko* einer Bandscheibenoperation wird allgemein überschätzt: Die Operation stellt keinen bedrohlichen Eingriff dar. Narkosezwischenfälle kommen äußerst selten vor. Im Zusammenhang mit der Operation können *Komplikationen* auftreten, die, weil bekannt, in der Regel erfolgreich behandelt werden. Zu den möglichen Komplikationen zählen: Venenentzündungen, Embolien, Nachblutungen, oberflächliche und tiefe Wundheilungsstörungen, Entzündungen der Restbandscheiben und der Wirbelkörper im operierten Gebiet, während der Operation (selten) Nervenfaser- und Nervenwurzelschädigungen mit möglichen Teillähmungen, Verletzungen der harten Rückenmarkshaut mit Austritt von Nervenwasser und Ausbildung einer Fistel, Gefäßverletzungen im Bauchraum, allgemeine und nervale Lagerungsschäden.

Die Entzündung von Bandscheibenresten im Zwischenwirbelraum (Discitis) und der angrenzenden Wirbelkörper (Spondylodiscitis) ist eine selten auftretende Folgeerscheinung nach Bandscheibenoperationen (Häufigkeit um 1–2 %). Heftige örtliche Schmerzen in Verbindung mit Zeichen einer allgemeinen Infektion weisen auf diese Komplikation hin; diese Infektionszeichen – erhöhte Blutsenkungsgeschwindigkeit, Anstieg des C-reaktiven Proteins (CrP), Fieber, Abgeschlagenheit – können manchmal jedoch auch fehlen. Eine konsequent durchgeführte Behandlung (Liegebehandlung in Gipsschale, Antibiotikagabe und ausreichende Schmerzmedikation, nach erreichter Schmerzfreiheit Anpassung eines orthopädischen Stützmieders und stufenweiser Beginn der Mobilisation) führt erfahrungsgemäß zu Schmerzfreiheit und völliger Ausheilung. Gelegentlich muß der Entzündungsherd operativ ausgeräumt und das Wirbelsäulensegment versteift werden.

Querschnittslähmungen nach der Bandscheibenoperation kommen praktisch nicht vor, wohl aber Blasen- und Mastdarm-Störungen.

Auf die Möglichkeit, daß nach einer Bandscheibenoperation ein *Rezidiv*, das heißt ein neuerlicher Vorfall, oder durch Narbenbildung bedingte Schmerzzustände auftreten können, muß der Patient ebenfalls hingewiesen werden. Erwähnung finden soll auch die schwerwiegende mögliche Folge der Operation, das Postdiskektomiesyndrom (s. S. 76).

Hat der Patient das Gefühl, daß die Indikation zur Bandscheibenoperation gewissenhaft gestellt wurde, und ist er überzeugt, daß die Operation für ihn die nunmehr einzige Möglichkeit ist, von seinen unerträglichen und ihn zermürbenden Beinschmerzen befreit zu werden, dann wird er auch dem Aufklärungsgespräch vertrauensvoll folgen.

Die Lektüre dieses Ratgebers hilft dem Patienten ebenfalls, die Tragweite seines Entschlusses zu erfassen, wenn er dem Ratschlag des Arztes, sich operieren zu lassen, zugestimmt hat. Ähnliches gilt für die perkutanen Verfahren.

Was wird bei der Operation gemacht?

Die Operation wird in allgemeiner Narkose, in Bauch- oder Knie-Ellenbogen-Lage des Patienten unter dem Mikroskop (offen mikrochirurgisch) vorgenommen.

Entsprechend der Lage des Bandscheibenvorfalls wird die Muskulatur rechts, links oder beidseits der Dornfortsätze abgetrennt. Die genaue Höhe des zu operierenden Bandscheibenraumes wird unter Röntgendurchleuchtung mit einer Nadel markiert.

Der Operateur legt einen sparsamen Hautschnitt über den Dornfortsätzen (Mittellinie) in Körperlängsrichtung oder quer dazu an, der Spalt zwischen den Wirbelbögen wird offen gelegt, das diese verbindende Band von gelbem Aussehen (Ligamentum flavum) entweder teilweise ausgeschnitten (Flavektomie) oder zurückgehalten und später wieder eingelegt. Dadurch ist der Wirbelkanal eröffnet, die Nervenwurzel kann aufgesucht und der Bandscheibenvorfall sichtbar gemacht werden. Das bei der Operation entfernte degenerierte Bandscheibengewebe wird routinemäßig zur feingeweblichen (histologischen) Untersuchung weitergeleitet.

Oft ist es erforderlich, Teile des oberen und unteren Wirbelbogens sparsam mitabzutragen. Dieses als »erweiterte Fensterung« bezeichnete Vorgehen ist die am häufigsten angewandte Methode. Sie hat in dieser Form keine negativen Auswirkungen auf die Festigkeit der Wirbelsäule. Die Wirbelgelenke bleiben unversehrt (Abb. 23a).

Bei einer erworbenen oder angeborenen Verengung des Wirbelkanals (z.B. nach mehrmaligen Bandscheibenoperationen mit ausgedehnten Vernarbungen) können Operationsverfahren notwendig werden, die eine ausreichende Entlastung der durch Druck geschädigten nervalen Strukturen, meistens der Nervenwurzeln gewährleisten. Dieses Ziel wird erreicht, wenn ein Wirbelhalbbogen einer Seite (Hemilaminektomie, s. Abb. 23b) oder beider Seiten einschließlich des Dornfortsatzes entfernt werden (Laminektomie). Die entsprechenden Verfahren können auf mehrere Wirbelsegmente ausgedehnt werden. Die Laminektomie, weniger die Hemilaminektomie, kann erhebliche Probleme in Form einer Wirbelsäuleninstabilität nachsichziehen. Aus diesem Grunde ist sorgfältig zu prüfen und entsprechend den zugrundeliegenden Befunden abzuwägen, ob gleichzeitig oder in einer späteren Sitzung eine Versteifungs- oder Fusionsoperation durchgeführt werden muß (s. unten).

Normalerweise entfernt man nicht die gesamte Bandscheibe, sondern nur die Teile, die sich abgestoßen haben, vorgefallen oder sequestriert sind. Gleichzeitig ist man bemüht, auffällig zermürbtes (häufig bei älteren Patienten) und degeneriert-weiches Bandscheibengewebe mitzuentfernen, um die Gefahr eines erneuten Bandscheibenvorfalls (Rezidiv) herabzusetzen (s. S. 75) Es wird darauf verzichtet, die fehlenden Bandscheibenanteile zu ersetzen, da ein entsprechender Ersatz nicht verfügbar und vielfach auch nicht notwendig ist. Der Krankheitsvorgang, der zum Bandscheibenvorfall geführt hat, bedingt eine Verschmälerung des Zwischenwirbelraumes, die Bandscheibe verliert an Elastizität, das Bewegungssegment wird instabil. Jede Bandscheibenoperation verstärkt die Instabilität. Dadurch können zusätzlich lokale Schmerzprobleme entstehen und Nervenwurzelschmerzen (radikuläre Schmerzen) oder diesen ähnliche Schmerzzustände (pseudoradikuläre Schmerzen) auftreten. Eine im Hinblick auf die weitere Behandlung problematische Folgeerscheinung der Operation ist das Postdiskektomie- oder Postdiskotomiesyndrom.

Die oft enttäuschenden Ergebnisse der konservativen Behandlung derartiger chronischer Schmerzzustände haben zur Entwicklung von

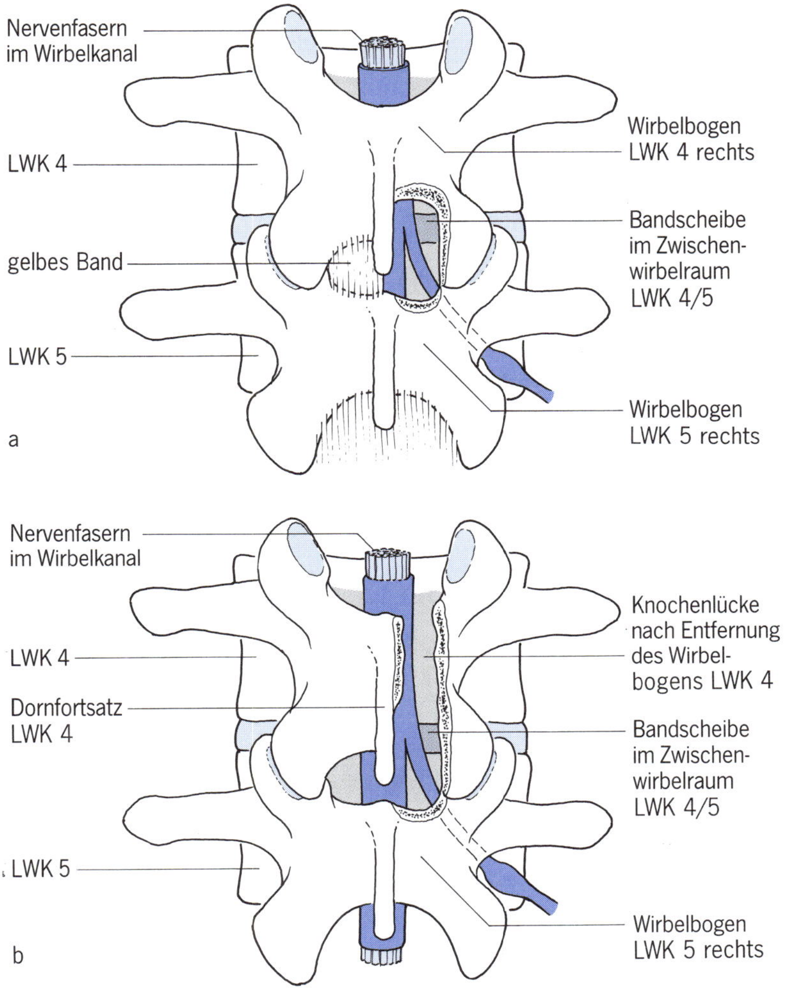

Abb. 23: a) Fensterungsoperation nach Entfernung des gelben Bandes mit Nervenwurzelabgang in Bezug zur 4. Lendenbandscheibe (Aufsicht von hinten); b) Einseitige Wirbelbogenentfernung (Hemilaminektomie) mit Nervenwurzelabgang L_5 in bezug zur 4. Lendenbandscheibe (Aufsicht von hinten)

Bandscheibenersatz und Operationsverfahren geführt, die das Ziel haben, die Instabilität im Bewegungssegment durch dessen Ruhigstellung (Stabilisierung) zu beheben.

Ein künstliches Bandscheibenimplantat (Modell »Charité«) kommt in seltenen Fällen zur Anwendung; es hat sich jedoch, wie in anderen Fällen auch, gezeigt, daß dieser »Ersatz« den biomechanischen Anforderungen nicht gewachsen ist.

Die derzeit gebräuchlichen Verfahren, instabile Wirbelsäulensegmente zu versteifen **(Fusionsoperationen)** bieten die Chance, die durch bandscheibenbedingte Lockerung des Bewegungssegmentes entstehenden Behandlungsprobleme zu lösen, insbesondere für jene Patienten, die durch die Bandscheibenoperation nicht beschwerdefrei oder gebessert werden konnten. Die Operationstechnik ist vielfältig. Der Sinn dieses Verfahrens liegt in einer starren Verbindung der Wirbelkörper (Bewegungssegmente) zueinander. Das heißt, daß in diesem fusionierten Abschnitt keine Bewegung mehr stattfinden kann. Fusionsoperationen sind nicht frei von Fehlschlägen und Komplikationen. Sorgfältige Befunderhebung und Befundanalyse sollten zu kritischer Indikationsstellung führen. Sind die örtlichen Voraussetzungen gegeben, ist die partnerschaftliche Behandlung durch den Neurochirurgen und den Orthopäden vorteilhaft, wobei im Einzelfall zu entscheiden ist, welche der verschiedenen Möglichkeiten, die Wirbelsäule oder das Bewegungssegment operativ zu versteifen, angewandt werden soll.

Risiko und Komplikationen der Operation

Das Risiko der Bandscheibenoperation ist gering und entspricht dem bei jeder allgemeinen Narkose und anderen chirurgischen Eingriffen. Mit allgemeinen, *nicht operativ verursachten Komplikationen* muß in einer Häufigkeit von zwischen 0,21% bis 1,05% gerechnet werden, wobei oberflächliche und tiefe Beinvenenthrombosen sowie nicht tödliche Lungenembolien geringfügig häufiger sind.

Auf typische Komplikationsmöglichkeiten und Risiken während und nach einer Bandscheibenoperation muß der Arzt vor dem Eingriff hinweisen. Ihre Erwähnung und Erörterung ist Bestandteil des ärztlichen Aufklärungsgesprächs (s. S. 63ff.).

Die Häufigkeit *operationsbedingter Komplikationen* läßt sich aus der folgenden Aufstellung ablesen:

Tab. 1 Komplikationen bei Bandscheibenoperationen (Mittelwerte in Prozent)

beherrschbar		spätere Besserung möglich		mögliche Dauerfolgen	
Blutungen während der Operation	2,65	Lagerungsschaden	0,25	Wurzelverletzung	0,6
Höhenlokalisation	2,75	Nervenläsionen	0,03	Motorische Verschlechterung	0,75
Verletzungen im Bauchraum (Gefäße, Gefäßfisteln, Harnleiter, Darmverletzungen)	0,07	Nervenwurzelverletzung	0,8	Postoperative Blasen-Mastdarmstörungen	0,18
Verletzungen der harten Rückenmarkshaut (Dura)	3,15				
Epidurale Nachblutungen	1,0				
Wundheilungsstörungen	3,3				
Bandscheiben-Wirbelkörper-Entzündungen (Spondylodiscitis)	1,6				

(modifiziert nach Angaben von Th. Grumme und D. Kolodziejczyk: Komplikationen in der Neurochirurgie, Blackwell, Berlin 1994)

Was geschieht unmittelbar nach der Operation?

Unmittelbare Folgeerscheinungen der Bandscheibenoperation können – abhängig von der gewählten Lagerung – Schlaflosigkeit, Schwitzneigung, Darmblähungen und Herz- sowie Rippenbogenrandbeschwerden sein. Die Harnblase muß gelegentlich am Operationstag und am ersten Tag nach der Operation mit Hilfe eines Katheters entleert werden, häufig deshalb, weil es schwierig ist, im Liegen Wasser zu lassen. Die Darmtätigkeit normalisiert sich in der Regel zwei bis drei Tage nach der Operation. Schmerzlindernde Mittel verursachen unerwünschte Darmträgheit; dennoch ist eine ausreichende Gabe von schmerzdämpfenden und muskelentspannenden Mitteln erforderlich, um schmerzhafte Verspannungen der Rückenmuskulatur zu verhindern und dem Patienten die gewünschte Frühmobilisation zu erleichtern.

In den ersten 20 bis 24 Stunden liegt der Kranke ausschließlich auf dem Rücken. Zur Vermeidung von Nachblutungen dürfen Lageänderungen nur vom Pflegepersonal vorgenommen werden.

Am Abend des Operationstages, gewöhnlich jedoch am ersten Tag nach der Operation kann aufgestanden werden. Die Dauer der Bettruhe verlängert sich in Abhängigkeit von dem gewählten Operationsverfahren. Mit Unterstützung und Anleitung beginnt damit die Phase der postoperativen Frühmobilisation.

Der Patient darf insbesondere in den Tagen unmittelbar nach der Operation und in den folgenden drei bis sechs Wochen gar nicht oder nur wenig sitzen (»Nicht-Sitz-Gebot«). Das Essen kann im Stehen eingenommen werden.

Wenn Wundklammern oder Wundfäden verwandt worden sind, können diese zwischen dem 6. und 8. Tag entfernt und die postoperativ eingeleitete krankengymnastische Übungsbehandlung verstärkt werden.

Nach Bandscheibenoperationen kann es in Ausnahmefällen in der Frühphase nach der Operation bis zum ersten oder zweiten Tag, selten später, zu Nachblutungen kommen, die operativ ausgeräumt werden müssen. Um der Ausbildung einer Beinvenenthrombose und einer Lungenembolie entgegenzuwirken, wird spätestens am ersten Tag nach, bei bekanntem Thromboserisiko schon vor der Operation mit der medikamentösen Vorsorge begonnen (Prophylaxe).

Mobilisation nach der Operation

Der operierte Patient soll das Bett im allgemeinen so früh wie möglich verlassen (Frühmobilisation). Diese Maßnahme dient nicht nur der Verminderung von möglichen Komplikationen (Thrombose; Embolie), sondern soll frühzeitig die medizinische Rehabilitation nach Bandscheibenoperationen einleiten.

Noch vorhandener lokaler Wundschmerz und die Angst, etwas falsch zu machen, führen zu Verspannungen, die zunächst gelöst werden müssen. Dies wird einerseits durch Medikamente erreicht, die Schmerzen unterdrücken und Muskelverspannungen lockern sollen. Andererseits ist es wichtig und notwendig, daß auch Ärzte, Pflegepersonal, Krankengymnastinnen und Krankengymnasten durch genaue Unterweisungen und gezielte Hilfestellungen dazu beitragen, das Selbstvertrauen des operierten Patienten zu stärken. Als Vorbereitung zur Mobilisation nach der Operation dienen daher Übungen zur Entspannung bei stabilisierter Wirbelsäule. Mit Hilfe der Krankengymnastin oder des Krankengymnasten wird am Morgen nach der Operation mit einem allgemeinen Kreislauftraining im Liegen begonnen. In der anschließenden Atemtherapie lernt der Patient, sich zunehmend zu entspannen. Außerdem zeigt man ihm, wie er seine Lage im Bett verändern kann, ohne daß die Wirbelsäule abknickt. Drehbewegungen der Wirbelsäule sollten unbedingt vermieden werden, da dieses erfahrungsgemäß verstärkt Beschwerden auslöst, die sehr hartnäckig sein können.

Wie im Übungsteil (s. S. 122–127) beschrieben und dargestellt, erlernt der Kranke in dieser postoperativen Behandlungsphase das richtige Aufstehen und Hinlegen, seine Haltung im Stand und beim Gehen wird geschult, die Selbständigkeit gefördert, damit der Patient die erforderlichen täglichen Verrichtungen (Waschen, Anziehen der Kleidung, der Strümpfe, der Schuhe) bald alleine vornehmen kann.

Die Operation war erfolgreich: Wie geht es weiter?

Auch nach der Krankenhausentlassung muß die physikalische, krankengymnastische und gelegentlich medikamentöse Behandlung unter ärztlicher Aufsicht fortgeführt werden. Sie ist wesentlicher Teil der Gesamtbehandlung im Rahmen der Bandscheibenoperation.

Die Art und das Ausmaß der Weiter- oder Nachbehandlung nach Bandscheibenoperationen hängt von den persönlichen und örtlichen Lebensumständen des Kranken ab. Im allgemeinen schließt sich an den Krankenhausaufenthalt eine stationäre Anschlußheilbehandlung (AHB) in einer entsprechenden Fachklinik an. Diese Maßnahme dient dazu, den Operationserfolg zu festigen, die eigene körperliche Leistungsfähigkeit wiederherzustellen und zu lernen, sich wirbelsäulenbewußt zu bewegen und zu belasten.

Das erlernte Wirbelsäulen- und Muskeltraining sollte später auf jeden Fall fortgeführt werden. Ein wirkungsvolles Hilfsmittel zur Vorbereitung für Übungen, die man zu Hause durchführen kann, ist ein heißes Bad oder eine heiße Dusche. Die Behandlung kann auch ambulant weitergeführt werden, sofern keine Wirbelsäuleninstabilität besteht. Das macht jedoch nur dann Sinn, wenn die Entfernung zwischen Wohn- und Behandlungsort nicht zu groß ist und die notwendige Ruhepause nach den Anwendungen eingehalten werden kann.

Bewegungsbäder in warmem Wasser, vorzugsweise Thermalbäder, sind für die postoperative Weiterbehandlung zu empfehlen, wenn ärztlicherseits wegen anderer Erkrankungen (z.B. Venenerkrankung, Herz-Kreislauf-Beschwerden) keine Bedenken erhoben werden.

Anleitungen für Übungen während der frühen und späten Rehabilitationsphase finden Sie im Übungsteil.

Verhalten nach der Operation

Jeder Patient, insbesondere der operierte Kranke, hat letztlich in dem Wissen um die Auswirkungen seiner Bandscheibenschädigung und in *vernunftgemäßer Einschätzung des eigenen körperlichen Leistungsvermögens* selbst zu entscheiden, was er tun darf und was er zu lassen hat. Das gilt für den beruflichen und privaten Lebensbereich, auch für das sexuelle Verhalten. Die Zeit der körperlichen Schonung nach der Operation, die der Patient zur Sicherung des Behandlungserfolgs nutzen soll, beträgt, individuell unterschiedlich, gewöhnlich sechs bis acht Wochen oder länger. Das hängt vom Schweregrad der Nervenschädigung vor der Operation ab, vom Wirbelsäulenbefund, von den Folgen möglicher operativer Komplikationen und letztlich von der Befindlichkeit des Patienten; diese ist der Maßstab für seine soziale und berufliche Wiedereingliederung.

Allgemeingültige Richtlinien, was dem einzelnen Patienten nach einer Bandscheibenoperation erlaubt ist und was nicht, sind schwer festzulegen. Ebensowenig lassen sich verbindliche Anweisungen erteilen, die das Wiederauftreten von Beschwerden und die Wiederholung eines Bandscheibenvorfalls verhindern können.

Normalerweise kann der Patient nach erfolgreicher Operation und Nachbehandlung in seine gewohnte Umgebung zurückkehren und seinen familiären, gesellschaftlichen und beruflichen Verpflichtungen wieder nachkommen. Nur in wenigen Ausnahmefällen ist eine berufliche Umschulung nach Bandscheibenoperationen notwendig.

Folgt der Patient den ihm erteilten Behandlungsvorschlägen und den hier gegebenen Verhaltenshinweisen, so lernt er, sich wirbelsäulengerecht zu bewegen, und sportliche Betätigung wird ebenfalls wieder möglich sein.

Ergebnisse der operativen Behandlung

Das Ziel der Bandscheibenoperation ist, Schmerzen zu beseitigen und die Grundlage für die Rückbildung von Lähmungen zu schaffen. Immer aber ist zu beachten: Das Bandscheibenleiden beruht auf einem schicksalsmäßigen Gewebeverschleiß mit Riß- und Spaltbildungen. Der Bandscheibenvorfall ist die schwerste Form der Bandscheibenentartung.

Mit der Operation werden nicht die Ursachen der Bandscheibenerkrankung, sondern ihre Folgen behandelt.

Störungen der Wundheilung haben selten Einfluß auf das Ergebnis der Operation. Sie führen allenfalls zu einem verlängerten Krankenhausaufenthalt. Vor der Operation nachweisbare Lähmungen und Gefühlsstörungen, wie Taubheitsgefühle, verschwinden nicht direkt nach dem Eingriff. Oft wird eine vorhandene Gefühlsstörung von dem Kranken erst bemerkt, wenn der Beinschmerz durch die Operation beseitigt worden ist. Eine Besserung kann hier noch nach Wochen oder Monaten eintreten. Wird die erwartete Schmerzfreiheit in der ersten Zeit nach der Operation nicht erreicht, so sind verschiedene Ursachen zu nennen, die in dem Abschnitt »Schmerzen nach der Operation« erwähnt werden.

Die Ergebnisse der operativen Behandlung des lumbalen Bandscheibenvorfalls sind in der Regel gut, wenn die Empfehlung zur Operation wohlüberlegt war; sie müssen aber immer unter dem Gesichtspunkt gesehen werden, daß das Operationsziel auf die Beseitigung der Folgen eines Krankheitsgeschehens ausgerichtet ist. Die Ursache, das Bandscheibenleiden, kann weiterwirken: Sinn (Ziel) und Zweck der Operation ist es daher in erster Linie, die durch den Bandscheibenvorfall verursachten Beinschmerzen (Ischialgien) zu beseitigen und die Rückbildung von Lähmungen zu ermöglichen. Die durch die Bandscheibenveränderung (Bandscheibendegeneration) ausgelösten (örtlichen) Beschwerden können gelegentlich bleiben. Benachbarte Segmente können ebenfalls erkranken und trotz Behandlung neue Schmerzen hervorrufen. Beschwerden, die nach zunächst erfolgreicher operativer Therapie (wieder)auftreten, sind daher nicht in jedem Falle als Versager oder als Folge der chirurgischen Behandlung zu werten.

Etwa 80 bis 85 % der operierten Kranken werden beschwerdefrei oder zumindest später wieder körperlich leistungsfähig. Gelegentlich wiederkehrende wirbelsäulenbedingte Kreuzschmerzen sind normalerweise nicht behandlungsbedürftig. Interessant ist die Erfahrung, daß nach über fünf Jahren in der Befindlichkeit der Betroffenen kein Unterschied mehr festzustellen ist, gleich ob konservativ oder operativ behandelt wurde. Allerdings ist die Phase der Arbeitsunfähigkeit bei Patienten mit Operation kürzer.

Letztlich aber wird das Ergebnis einer Bandscheibenoperation wesentlich vom Verhalten des Patienten in der Zeit nach der Operation beeinflußt: Hat er gelernt, sich wirbelsäulenbewußt zu bewegen und zu leben, wird der Betroffene in Erinnerung an die Schmerzen vor der Operation mit dem erreichten Behandlungserfolg zumeist zufrieden sein.

Schmerzen nach der Operation

Bei vorübergehenden postoperativen Schmerzen ist es Aufgabe des Arztes, den verängstigten Patienten zu beruhigen, indem er die Gründe dafür verständlich erläutert.

Nach anfänglicher Beschwerdefreiheit kann es etwa zwischen dem 3. und 5. Tag postoperativ zu erneuten, dann oft andersartigen Schmerzen kommen, die mit der Mobilisation in Zusammenhang stehen. Die gewöhnlich langdauernde Fehlstellung der Wirbelsäule vor der Operation hatte Auswirkungen auf die Wirbelgelenke, den Bandapparat und auf die Muskelansätze. Diese verkürzen sich einseitig mit Teilen der durch Fehlbeanspruchung oft bindegewebig degenerierten Muskulatur. Nachdem die Schmerzursache, der Bandscheibenvorfall, beseitigt worden ist, werden die Stellung der fehlbelasteten Gelenke korrigiert und die Bänder und die Muskulatur zu Beginn der postoperativen Mobilisation gedehnt. In der Phase der »Umgewöhnung« kann es deshalb zu Schmerzen in diesem Bereich kommen.

Sind nach der Operation die Beinschmerzen zwar gebessert, aber entgegen den Erwartungen des Patienten nicht verschwunden, können Vernarbungen innerhalb der Nervenwurzel die Ursache sein. Diese Vernarbungen sind Folgen des Drucks, die der Bandscheibenvorfall auf die Nervenwurzel ausgeübt hat. Dadurch kann es zu Fehlregulationen – insbesondere der schmerzleitenden Nervenfasern – und damit zu Schmerzen kommen. Dies um so mehr als die Nervenwurzeln unter Umständen aufgrund des nachlassenden äußeren Drucks anschwellen. Unter der Behandlung von abschwellenden Medikamenten bessern sich die Schmerzen erfahrungsgemäß, manchmal »verdämmern« sie erst nach Wochen oder Monaten. Allerdings sollte man auch wissen, daß es dem Arzt nicht immer möglich ist, für alle Schmerzzustände eine eindeutige Ursache zu ermitteln.

Unverändert bestehende Schmerzen oder neuerlich aufgetretene anhaltende Schmerzen (ohne oder mit neurologischer Verschlechterung) sind problematischer in bezug auf ihre Behandlung, da sie den Patienten verständlicherweise unzufrieden machen. Welche Gründe gibt es für fortbestehende Schmerzen? Der Bandscheibenvorfall wurde bei der Operation übersehen oder nicht gefunden, der Zugang und die Öffnung des Wirbelkanals sind zu klein gewählt worden und dadurch ist die oft ergänzend notwendige knöcherne Entlastung der Nervenwurzel unzureichend gewesen, vor allem bei knöchern verursachten Schmerzen (z.B. Wirbelkanalstenose). Operationskomplikationen können ebenso für den negativen Krankheitsverlauf verantwortlich sein. Zu nennen ist neben weiteren Möglichkeiten die falsche Operationsindikation, aber auch zu hohe Erwartungen des Patienten und insgeheim vorhandener Rentenwunsch.

Neuerlich aufgetretenen anhaltenden Schmerzen kann Narbenbildung im operierten Bereich zugrunde liegen. Ungeachtet der Tatsache, daß jede Operation Narben hinterläßt, kommen für eine übermäßige Narbenentstehung sowohl eine entsprechende Veranlagung des Patienten als auch ein ungünstiger Operationsverlauf in Betracht (starke Blutung, Komplikationen). Allerdings sollte die letztgenannte Ursache nicht überbewertet werden, finden sich doch auch bei erfolgreich operierten und beschwerdefreien Patienten Narben. Eine schwerwiegende, in das Risiko einer Bandscheibenoperation fallende Komplikation ist die Entzündung des Bandscheibenbetts und der angrenzenden Wirbelkörper (Spondylodiscitis). Sie kann zu heftigen örtlichen und ausstrahlenden Schmerzen führen. Bei folgerichtig durchgeführter Behandlung, die langwierig sein kann, sind die Heilungsaussichten mit Beschwerdefreiheit gut.

Ein Bandscheibenvorfall-Rezidiv, also ein erneuter Bandscheibenvorfall, kann für anhaltende oder neue Schmerzzustände verantwortlich sein, die Wochen, Monate oder auch Jahre, selten noch während des stationären Aufenthaltes auftreten. Ist auch die Gefahr gering, so muß doch das Rezidiv eines Bandscheibenvorfalls als ein normales Risiko nach einer Bandscheibenoperation angesehen und einkalkuliert werden. Die Häufigkeit liegt um 5 %. Die Gefahr eines Rezidivs besteht, weil nicht die ganze, sondern nur Teile der Bandscheibe bei der Operation entfernt werden. Es können aber auch benachbarte Bandscheiben erkranken und eine weitere Operation notwendig machen. In diesem Fall spricht man jedoch nicht von einem Bandscheibenvorfall-Rezidiv, sondern von einer Neuerkrankung.

Postdiskektomiesyndrom. Anhaltende Schmerzen, lokal und oft untypisch ausstrahlend (pseudoradikulär) verbunden mit schmerzhafter Steifheit der Lendenwirbelsäule sind Hinweise auf einen Zustand, der nur nach offenen Operationen und perkutanen Eingriffen an der Bandscheibe auftritt. Die Hauptursache eines Postdiskektomie-(auch Postdiskotomie-)syndroms ist eine Instabilität des operierten Bewegungsabschnitts (Segmentinstabilität) und eine individuelle Veranlagung zu stärkerer Narbenbildung. Die Verdachtsdiagnose stellt sich in Kenntnis der vorangegangenen Operation.

Bei Beschwerden nach einer Bandscheibenoperation, seien sie wiederkehrend oder anhaltend, sollten Sie möglichst rasch einen Arzt aufsuchen. Eine erneute klinische Untersuchung sowie eine Wiederholung der bildgebenden Diagnostik sind unumgänglich.

Behandlungsversagen – was nun?

Operative Schmerzbehandlung. Hierbei kommen Methoden zur Anwendung, die, vereinfacht dargestellt, die »Weiterleitung schmerzhafter Signale blockieren können«. Zunächst wird man versuchen, das Behandlungsziel mit der transkutanen elektrischen Nervenstimulation (TENS) zu erreichen. Diese nicht schmerzhafte Reizung durch die Haut wird mittels kleiner batteriegespeister Reizgeräte durchgeführt. Die TENS-Methode ist einfach anwendbar, komplikationsarm und ohne negativen Gewöhnungseffekt. Kontraindikationen bestehen bei Schrittmacherpatienten oder allgemein bei Kranken mit andersartigen Elektroprothesen. Als oft letzte Behandlungsmöglichkeit, die sich bei chronischen Schmerzzuständen anbietet, wenn Medikamente, Injektionsbehandlungen zur Schmerzunterbrechung und operative Verfahren mit Zerstörung schmerzleitender Fasern versagt haben, bringt die elektrische Hinterstrangreizung über implantierte Elektroden (PISCES = Percutaneously Inserted Spinal Cord Electrical Stimulators) bei unterschiedlichen Schmerzsyndromen zufriedenstellende Resultate.

Hierbei werden Elektroden operativ in den Wirbelkanal auf die harte Rückenmarkshaut in der Mitte eingeführt und im Falle der Ansprechbarkeit nach Probereizung ein Sender-Empfänger-System (letzteres unter die Bauchhaut) implantiert. Der Patient empfindet ein Kribbelgefühl in den Beinen mit gleichzeitigem Nachlassen der Schmerzen. Die Anwendung erfolgt in bestimmten Zeitabständen nach genauer Einweisung. Diese Methode kann bei zurückhaltender Indikationsstellung und unter Beachtung bestehender Kontraindikationen für viele chronische Schmerzpatienten wirksame Hilfe und Erleichterung bringen.

Die Gründungen von Schmerzambulanzen und Schmerzkliniken sowie die Entwicklung neuer Operationsverfahren zeigen, welche Aufmerksamkeit den besonderen Problemen des »Schmerz«-Patienten gewidmet wird. Im Bedarfsfall empfiehlt sich die Vorstellung beim Neurologen, Neurochirurgen oder die Überweisung in eine **Schmerzambulanz.**

Aktivitäten des täglichen Lebens

Mit Wissen vorbeugen und handeln!

Eine gesunde und kräftige Muskulatur ist die Voraussetzung dafür, daß wir die täglich an unseren Körper gestellten Anforderungen bewältigen können. Die bequeme Lebensweise in vielen Bereichen unserer Zivilisation ist Ursache für eine verminderte körperliche Aktivität mit fehlendem oder nur unvollständigem körperlichen Training. Auf der anderen Seite führt die Arbeit, die wir leisten müssen, häufig zu einer einseitigen Beanspruchung des Körpers, so auch der Muskulatur. Das Prinzip des Gleichgewichts der Muskulatur wird nicht beachtet. Es kommt zu Ermüdungserscheinungen. Schmerzen sind oft die Folge der Überforderung unseres untrainierten Körpers durch zu plötzliche körperliche Aktivität.

Wo liegen die möglichen Ursachen?

- Wir sitzen zuviel, z.B. beim Fernsehen und im Büro.
- Wir fahren zuviel Auto.
- Unsere Arbeitsplätze sind auf einseitige körperliche Beanspruchung ausgerichtet.
- Wir leben zu bequem und vergessen, daß der menschliche Körper Training braucht. »Die Bandscheibe lebt von der Bewegung.«

Es ist notwendig, daß wir für einen Ausgleich sorgen. Jede sich uns bietende Möglichkeit zur körperlichen Aktivität sollte genutzt werden.

Dafür kleine Beispiele:

- Anstatt uns vor überfüllten Aufzügen zu ärgern, können wir wieder Treppen steigen. Zuerst nur ein Stockwerk, die körperliche Beanspruchung wird langsam gesteigert, später kommen wir ohne Aufzug aus.
- Nach längerem Stehen im Gedränge der Straßenbahn oder der U-Bahn sollten wir nicht gleich wieder stehend die Rolltreppen benutzen. Wir können die Müdigkeit, die durch das Stehen entstanden ist, von uns abschütteln, indem wir uns bewegen und die normale Treppe benutzen.
- Wenn wir noch Besorgungen in der Stadt zu erledigen haben, sollten wir nicht über die fehlenden Parkplatzmöglichkeiten direkt vor den Geschäften schimpfen. Wir können einen weiter entfernt liegenden

Autoabstellplatz wählen und uns freuen, daß wir uns die Beine vertreten dürfen.

»Mit Wissen vorbeugen und handeln« charakterisiert sehr deutlich die Absicht, welche der nachfolgende Teil des Ratgebers verfolgt. Die Kenntnis der richtigen Körperhaltung und Körperstellung bei der täglichen Arbeit, das angepaßte Verhalten zu Hause und in der Freizeit sind Voraussetzungen für eine sinnvolle Vorsorge durch Eigeninitiative. Aus diesem Grunde wenden wir uns zunächst den Problemen der täglichen körperlichen Belastung und beruflichen Tätigkeit zu (Aktivitäten des täglichen Lebens) und lernen an gängigen Beispielen, unseren Körper und unsere Bewegungen zu kontrollieren (Übungsteil).

Alltagsverhalten

Richtiges Sitzen

- Sitzen Sie aufrecht so weit vorne auf der Sitzfläche, daß die Oberschenkel leicht abfallen. Rumpf und Oberschenkel sollen einen Winkel von ca. 100° bilden.
- Die Beine stehen hüftbreit auseinander.
- Die Ober- und Unterschenkel bilden miteinander einen rechten Winkel, besser sogar noch etwas mehr (ca. 100°).
- Heben Sie das Brustbein leicht nach vorne oben an.
- Den Kopf in Verlängerung der Wirbelsäule ausrichten.
- Lassen Sie die Arme locker hängen, oder legen Sie die Handflächen auf den Oberschenkeln ab.

Mögliche Fehler:

- Schulter- und Beckengürtel stehen nicht übereinander.
- Kopf steht nicht in Verlängerung der Wirbelsäule, sondern ist zur Brust gesenkt.

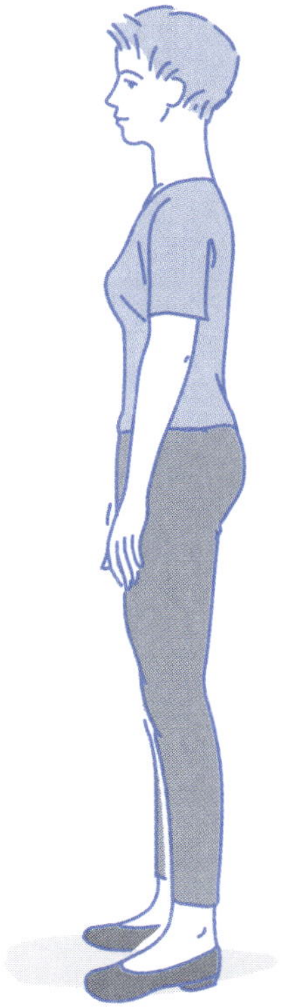

Richtiges Stehen

- Stellen Sie die Beine hüftbreit auseinander.
- Die Fußspitzen sind leicht auswärts gedreht.
- Die Knie strecken, aber nicht durchdrücken, Vorfüße und Fersen gleichmäßig belasten.
- Hüft-, Knie- und Sprunggelenk sollen in einer Linie übereinander stehen.
- Heben Sie das Brustbein leicht nach vorne oben an,
- richten Sie den Kopf gerade aus und
- lassen Sie die Arme locker hängen.

Mögliche Fehler:

- einseitige Belastung der Füße
- Hohlkreuz
- Rundrücken
- Kopf steht nicht in Verlängerung der Wirbelsäule, sondern ist zur Brust gesenkt.
- überstreckte Knie

Richtiges Bücken

Senkrechter Bücktypus
(schonend für die Wirbelsäule)

- Aus der Schritt- oder der Grätschstellung heraus bücken.
- Dabei die Hände auf die Oberschenkel stützen.
- Die Beugung erfolgt nur in den Hüft- und Kniegelenken.
- Die physiologische Lordose der Lendenwirbelsäule (Hohlkreuz) bleibt erhalten.

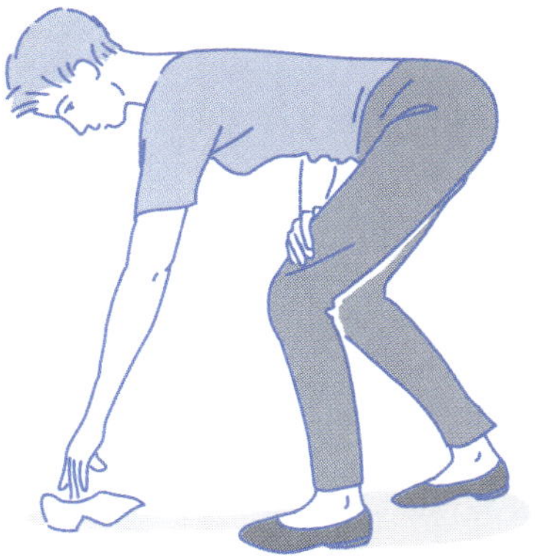

Waagrechter Bücktypus
(schonend für die Kniegelenke)

- Oberkörper nach vorne neigen, indem die Hüftgelenke stark gebeugt werden.
- Die Hände auf den Oberschenkeln abstützen.
- Den Kopf in Verlängerung der Wirbelsäule ausrichten (= gerade halten).

Tip: Beim Aufheben von Gegenständen mit einem Bein abknien.

Mögliche Fehler:

- Wirbelsäule wird beim Bücken gerundet.
- Hand wird nicht auf dem Oberschenkel abgestützt.

Richtiges Strümpfe anziehen

- Lehnen Sie sich mit dem Gesäß (Kreuzbein) an eine Wand.
- Verlagern Sie den Oberkörper durch Beugung der Hüftgelenke nach vorne.
- Dann beugen Sie beide Kniegelenke (ca. 30°) und rutschen dabei ein wenig an der Wand hinunter.
- Heben Sie ein Bein an und legen Sie den Knöchel auf den Oberschenkel des Standbeins.
- Nun können Sie mit beiden Händen den Strumpf anziehen.

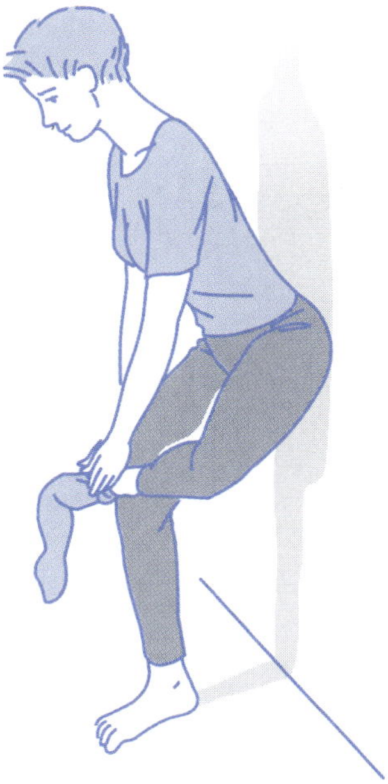

Mögliche Fehler:

- Wirbelsäule wird gerundet.

Alltagsverhalten im Überblick

wirbelsäulenbelastend | wirbelsäulengerecht

Bücken

falsch:

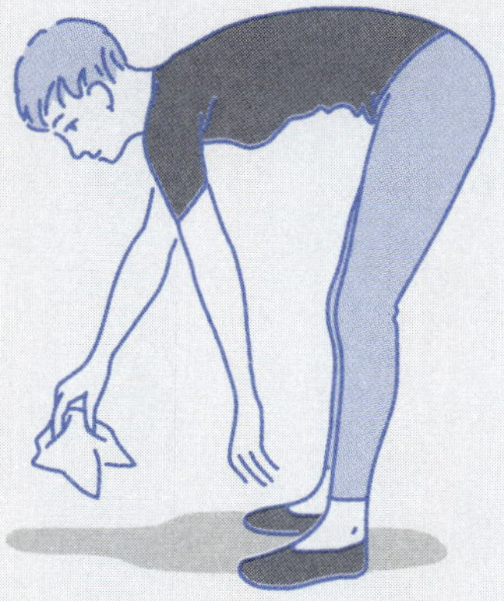

richtig:

Stehen

falsch:

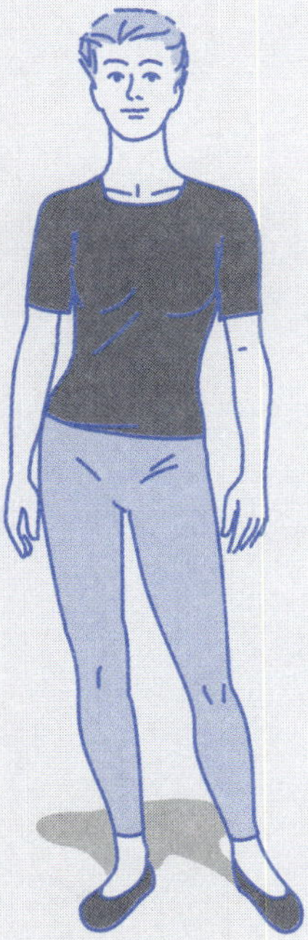

richtig:

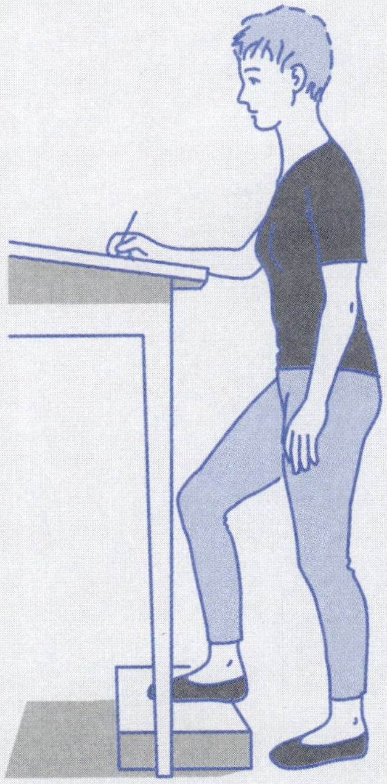

Garten- und Hausarbeit

Sitzende Tätigkeiten und Tätigkeiten im Stehen

falsch:

richtig:

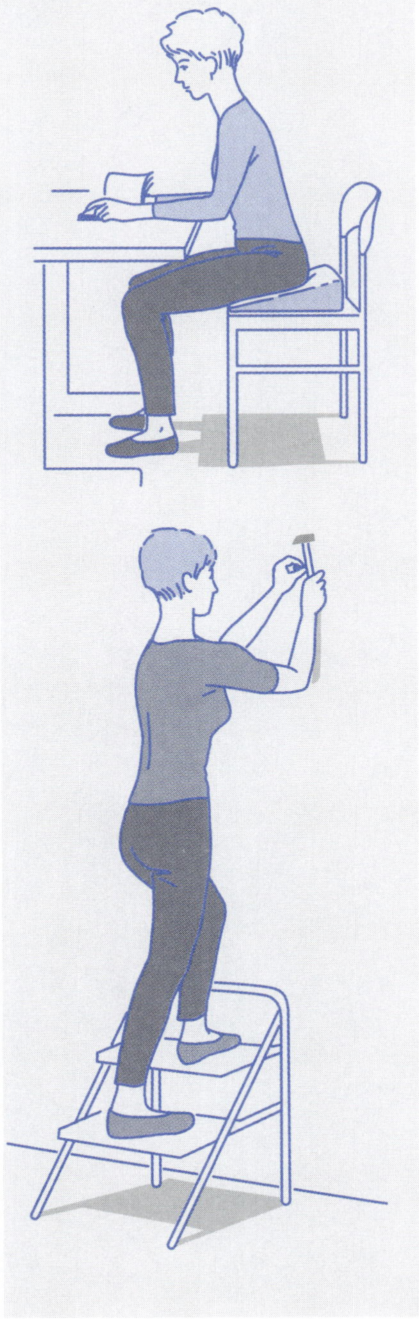

Lasten tragen

falsch:

richtig:

Hinlegen bzw. Aufstehen, Zähneputzen und Waschen

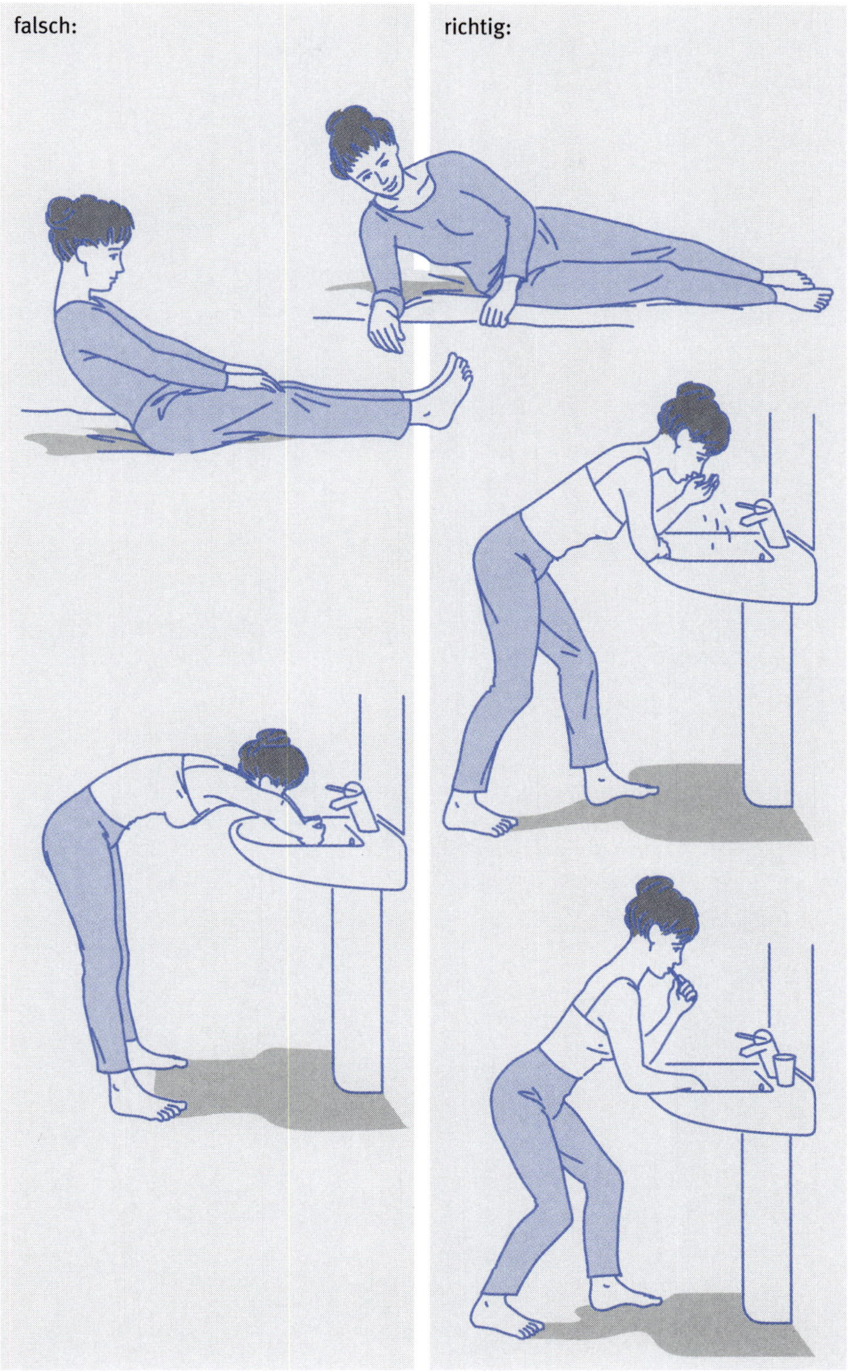

Entlastungshaltung für die Halswirbelsäule

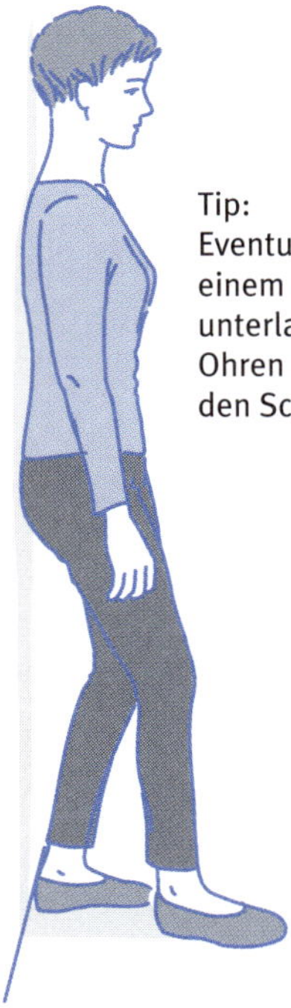

Tip:
Eventuell den Kopf mit einem Handtuch unterlagern, damit die Ohren in einer Linie mit den Schultern stehen.

Entlastungshaltung für die Lendenwirbelsäule

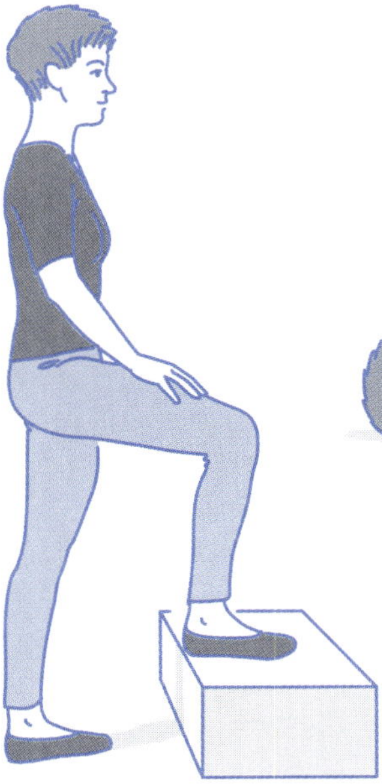

Tip:
Wann immer möglich, Entlastungshaltungen benutzen

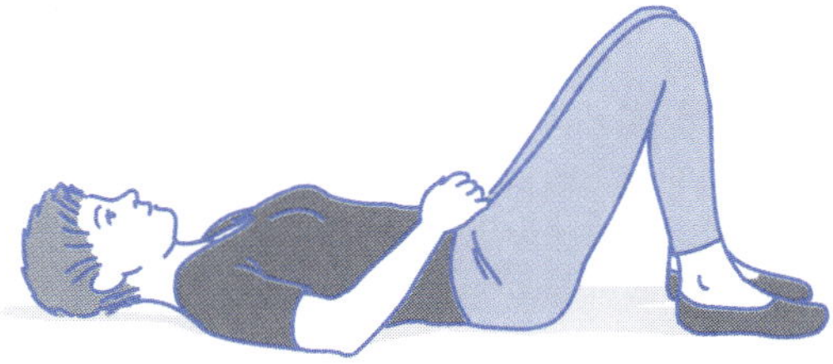

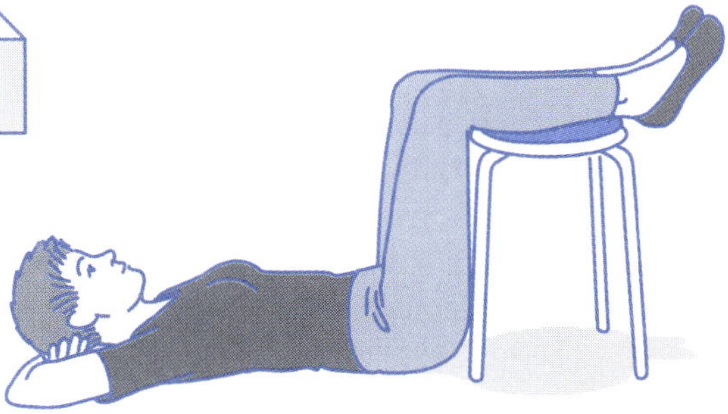

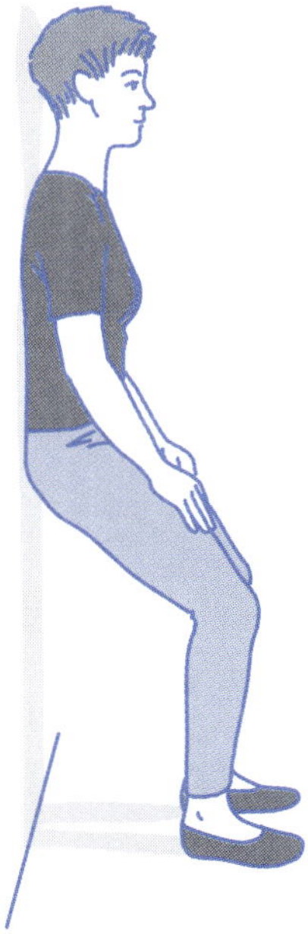

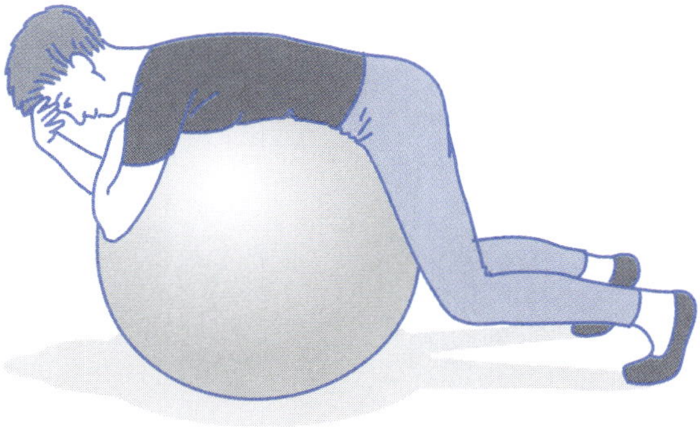

Arbeitsplatz »Büro«

Die Segnungen der Technik prägen schon seit geraumer Zeit den Stil des modernen Büros. Damit sind aber auch neue Probleme entstanden, die im wahrsten Sinne des Wortes »auf dem Rücken« der hier arbeitenden Menschen ausgetragen werden. Für den Wandel hin zu einem neuen Zeitalter der Bürotechnik kennzeichnend ist die Einführung des Computers (PC), dem sich die Ausgestaltung des Arbeitsplatzes vielfach nicht angepaßt hat. Allerdings lassen sich auch hier Fortschritte nachweisen, die aufgrund der Entwicklung entsprechender Sitzmöbel und Schreibtische dem Menschen eine wirbelsäulengerechte Anpassung an seine Arbeitsbedingungen, ein ergonomisches Sitzen also, erlauben. Dazu zählen

- die abgeschrägte Sitzfläche mit Beckenstütze, sowie
- die anpassungsfähige (flexible) höhenverstellbare Rückenlehne, welche den Bewegungen des Oberkörpers folgt.

Diese Bedingungen ermöglichen ein den Bewegungen entsprechendes (dynamisches) Sitzen. Die Wechselbelastung der Wirbelsäule verbessert die Versorgung der Muskeln und der Bandscheiben. Auch die Arbeitsplatzhöhe muß individuell angepaßt werden.

Um der ungünstigen Belastung im Sitzen zu entfliehen, hat man sich an wertvolle Erfahrungen alter Zeit erinnert, so erfreut sich das Stehpult, zumindest bei den Betroffenen, wieder zunehmender Beliebtheit. Die Arbeitsfläche des Stehpults hat eine Schrägneigung und sollte über eine Fußstütze verfügen.

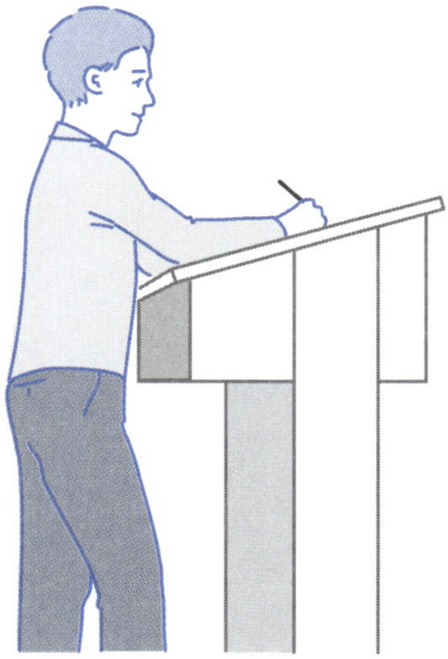

Motorisierung

Die zunehmende Motorisierung hat sicherlich einen ungünstigen oder gar schädigenden Einfluß auf die Wirbelsäule. Täglich verbringen etwa 40% der deutschen Autofahrer mehr als eineinhalb Stunden in ihrem Fahrzeug. Längere Autofahrten führen zu einer Zwangshaltung und Fehlbelastung der Wirbelsäule. Unsere Sitzhaltung im Auto ist überwiegend schlaff, die Muskulatur entspannt; die Wirbelsäule erhält dabei Stöße, welche weder von der Muskulatur noch von den Gelenken aufgefangen werden können. Nach längeren Autofahrten tritt gewöhnlich ein Steifigkeitsgefühl auf, und Nacken-Rücken-Beschwerden sind die Folge.

Eine gute Federung, welche verhindert, daß Stöße direkt auf unseren Rumpf treffen, kann Abhilfe schaffen. Der Autositz selbst darf nicht zu weich sein, eine härtere Sitzfläche führt zu einer besseren Stellung der Wirbelsäule. Die Rückenlehne sollte sich den normalen Krümmungen unserer Wirbelsäule anpassen. Unter Umständen kann dies auch durch Unterlegen eines Kissens erreicht werden. Die Neigung der Rückenlehne muß so eingestellt sein, daß wir uns entspannt zurücklehnen und dennoch verkehrsgerecht reagieren können. Gute Sicht und genügende Bewegungsfreiheit, um mit den Armen lenken zu können, sind selbstverständliche Voraussetzungen.

Den ergonomischen Anforderungen – individuelle, d.h. auf die Person bezogene Anpassung der Sitzhöhe, der Sitzfläche und Sitzneigung – entsprechen die meisten modernen Fahrzeugsitze. Zudem dämpfen sie Fahr-

zeugvibrationen und Stöße. Bei guter Sitzstellung besteht die Möglichkeit, daß wir uns während der Fahrt, auf freier Strecke oder beim Halten vor der Ampel über den Druck des linken Fußes vom Fußboden nach oben herausstemmen. Unsere Rumpfmuskulatur wird dadurch wieder kurzfristig aktiviert und eine vorzeitige Ermüdung verhindert.

Unterstützend können wir die Arme gegen das Lenkrad stemmen oder gegen das Autodach, so daß auch unser Schultergürtel durch kurzzeitiges Üben vor einer übermäßigen Ermüdung bewahrt wird. Eine Pause ist in jedem Fall die beste Lösung, vor allem bei längeren Autofahrten. Leichte Bewegungsübungen und ein kurzer Gang führen durch Sauerstoffaufnahme zu körperlicher Erfrischung und durch Aktivierung der Muskulatur wie auch der Wirbelsäule zu ausgeglichener Haltung.

Mit Bewegungspausen bei Autofahrten beugen wir nicht nur einer vorzeitigen geistigen und körperlichen Ermüdung vor, sondern wir erhöhen unsere Reaktionsbereitschaft im Verkehr und damit unsere Sicherheit.

Freizeit und Sport

Die Freizeit muß einen Ausgleich unserer überwiegend einseitigen Lebensweise herbeiführen. Diejenigen von uns, die an ihrem Arbeitsplatz keine oder nur sehr wenig körperliche Betätigung haben, müssen versuchen, durch körperliche Aktivität ihre Muskeln funktionstüchtig zu machen und zu erhalten. Die anderen, die nur einseitig körperlich arbeiten, müssen dazu ermuntert werden, ihr gestörtes Muskelgleichgewicht wiederherzustellen. Dazu ist es wichtig, den ganzen Körper zu trainieren.

Die einfachen Mittel sind oft die besten. Schon *Spaziergänge* garantieren ein Training unseres gesamten Körpers, dazu werden Atmung und Kreislauf angeregt. Durch die Aktivierung der Muskeln verbessert sich die Haltung. Zu langsames Schlendern bewirkt das Gegenteil, die Haltung wird schlecht, vorzeitige Ermüdung ist die Folge. Durch Training lassen sich die Anforderungen sehr bald höher schrauben. Gehen auf unebenem Boden, auch leichtere Hänge hinauf und herunter, sowie Waldspaziergänge vermehren die Muskelarbeit und fördern das Zusammenwirken der einzelnen Muskelgruppen.

Gut abgestuftes *Lauftraining* in den Morgen-, besser noch in den Abendstunden, führt gleichfalls zu vermehrtem Muskeleinsatz, die Reaktionsbereitschaft und das Muskelzusammenspiel werden gesteigert.

Freude an *Leibesübungen* erlernen wir wieder durch spielerisch ausgeführte Bewegungen, wie sie uns Kinder vormachen. Dazu gehören Fang- und Ballspiele in Gruppen, sportliche Betätigung jeder Art, die Spaß macht und die wir nicht von vornherein bis zu einer Höchstleistung steigern wollen.

Unser Körper reagiert auf Überforderung mit Schmerzen, diese wiederum weisen uns auf unsere persönliche Leistungsgrenze hin. Darauf muß unser Übungsprogramm abgestellt sein. Treten bei einer bestimmten Sportart wiederholt Schmerzen auf, kann das bedeuten, daß diese für uns ungeeignet ist. Es wurde darauf hingewiesen, daß nach einer Bandscheibenoperation sportliche Betätigung möglich und notwendig ist (u.a. Leichtathletik, Radfahren, Skilanglauf und andere mehr) jedoch:

Für die Wiederaufnahme sportlicher Aktivitäten bei festgestelltem Bandscheibenschaden oder nach erfolgter Operation ist es unabdingbar, die eigene körperliche Leistungsfähigkeit vernünftig einzuschätzen.

Eine sehr empfehlenswerte Sportart ist das individuell bemessene *Schwimmen.* Es ist darauf zu achten, daß das Wasser angenehm warm ist, um die nötige körperliche Entspannung zu erreichen. Das Baden in kühlerem Wasser kann unangenehme Muskelverspannungen nach sich ziehen.

Kraft- und Fitneßtraining

Gezieltes Krafttraining unter fachmedizinischer Anleitung (durch Arzt und/oder Physiotherapeut) führt zu einer Muskelstabilisation und Beweglichkeitssteigerung. Das aufbauende Training im Fitneßstudio kann sowohl der Vorsorge (Prophylaxe) als auch der Wiedereingliederung in das berufliche und gesellschaftliche Leben (Rehabilitation) dienen. Es vermittelt ein besseres Körpergefühl und damit auch eine höhere Lebensqualität. Bei der Auswahl der Übungen und Geräte muß jedoch unbedingt den bestehenden Wirbelsäulenveränderungen Rechnung getragen werden. Bei Unsicherheit, insbesondere aber nach Wirbelsäulenoperationen, darf ein Kraft- und Fitneßtraining erst dann selbsttätig durchgeführt werden, wenn der Arzt dem zustimmt.

Nicht geeignet und daher abzulehnen sind hohe Gewichte, Bauchmuskelgeräte und Beinbeugemaschinen. Das Training mit Freihanteln sollte nur aus einer stabilen Lage heraus erfolgen, die Wirbelsäule muß unbeweglich bleiben können. Folgende Trainingsgeräte können empfohlen werden: Fahrradergometer, symmetrischer Zugapparat, Pulldown, Dips.

Der zum Kraft- und Fitneßtraining Entschlossene muß an den Geräten eingewiesen und während der Betätigung immer wieder kontrolliert werden, um etwaige gesundheitliche Schädigungen zu vermeiden. Diese Betreuung kann von medizinisch geleiteten Fißneßzentren erwartet werden.

Übungsteil

Das Hauptanliegen dieses Ratgebers ist es, beim Leser die Bereitschaft zur Eigeninitiative zu wecken und zu fördern. Mit Wissen und durch Handeln kann man einem Bandscheibenleiden vorbeugend entgegenwirken oder, wenn es aufgetreten ist, die Auswirkungen günstig beeinflussen. Dazu dient in besonderem Maße der Übungsteil, der auf den Erfahrungen beruht, die sowohl bei der konservativen Behandlung von wirbelsäulenbedingten Schmerzen als auch bei der postoperativen Weiterbehandlung nach Bandscheibenoperationen gewonnen wurden.

Eine richtige Muskelarbeit ist nur bei funktionierendem Nervensystem möglich. Über die Nerven erhalten die Muskeln den Befehl, sich anzuspannen oder zu lösen. Hierfür haben wir in der Haut, in den Muskeln und in den Sehnen kleine Organe, die dem Gehirn melden, welche Muskelspannung benötigt wird, wie die Muskelspannung ist und in welcher Stellung die Gelenke stehen. Ohne daß dieser Funktionslauf in unser Bewußtsein dringt, erhalten die Muskeln daraufhin den Befehl, die erforderliche Spannung oder Entspannung vorzunehmen. Die Haut und die Muskeln unserer Hände und Füße sind mit diesen kleinen Organen gut ausgestattet, da der Körper auf deren Reaktionsbereitschaft den ganzen Tag angewiesen ist und entsprechend funktionsgerecht antworten muß. Aus diesem Grunde ist es auch für unsere Übungen günstig, wenn die Rumpfmuskulatur über den Einsatz von Händen und Füßen gekräftigt wird. Das gute Zusammenspiel zwischen den einzelnen Muskeln und Muskelgruppen und ihre Ansprechbarkeit auf Funktionsreize werden dadurch gefördert und geübt.

Das nachfolgende Programm soll *nicht* dazu verleiten, täglich alle Übungen auszuführen. Eine Auswahl, je nach Ihrer Belastungsfähigkeit und der Ihnen zur Verfügung stehenden Zeit, wird helfen, Ihr Ziel zu erreichen: mit eigener Kraft zu versuchen, bandscheibenbedingte Schmerzen zu bessern. Das sollte Ihr Beitrag zur eigenen Gesundheit sein.

Treten während oder nach Übungen Schmerzen auf, sollten Sie das Übungsprogramm unterbrechen. Ärztliche Beratung und erneute krankengymnastische Übungsanleitung werden notwendig.

Schon während der postoperativen Nachsorgezeit wird die krankengymnastische Behandlung so aufgebaut, daß der Patient zur aktiven Mitarbeit veranlaßt wird. Der Kranke bekommt bestimmte Aufgaben, die er selbst durchführen kann. Im Laufe einer Behandlungsserie lernt er, sich so zu verhalten und zu bewegen, daß erneute Fehlstellungen und Schmerzen vermieden werden. Der Patient lernt, mit sich umzugehen. Er weiß, was er üben kann, um seine Muskeln zu kräftigen und in diesem Funktionszustand zu halten, so daß diese die Wirbelsäule stabilisieren und in guter Stellung ausbalancieren.

Alle Übungen sollten nicht übertrieben (forciert), sondern langsam ausgeführt werden. Schwung- und ruckhafte Bewegungen sowie Drehbewegungen sind für die Wirbelsäule schädlich und vor allem nach Bandscheibenoperationen zu vermeiden.

Wichtig ist die richtige Atemtechnik während der Übungen. Um frei atmen zu können, brauchen wir nachgiebige Bauchmuskeln. Deshalb dürfen wir beim Üben nie bewußt den Bauch einziehen.

Der Beginn der selbsttätig vorzunehmenden Übungen nach einer Bandscheibenoperation wird vom Arzt in Absprache mit der behandelnden Krankengymnastin oder dem Krankengymnasten festgelegt. Diese müssen bemüht sein, das Übungsprogramm dem Leistungsvermögen des Patienten anzupassen. Das trifft insbesondere wieder nach Bandscheibenoperationen zu.

Die angebotenen nachfolgenden Übungen sollten immer erst nach erfolgter Anleitung durch geschultes Personal selbsttätig (alleine) ausgeführt werden.

Allgemeine Hinweise (Tips)

Die Übungen beginnen mit Hinweisen auf die Ausgangstellung, zum Beispiel Rückenlage oder Bauchlage. Den programmatischen Übungsanweisungen zugeordnet sind Abbildungen, die helfen sollen, das Verständnis für die Übung zu fördern.

Und bitte denken Sie daran:

- Ausgangsstellung bei den Übungen bzw. Körperhaltung im Alltag häufiger wechseln.
- Stellungen durch Entlastung erleichtern.
- Kleidung darf nicht einengend sein.
- Vorsicht beim Tragen von Absatzschuhen.
- Stellen Sie sich ein individuelles Übungsprogramm zusammen, welches Sie mindestens zwei- bis dreimal pro Woche durchführen.
- Behalten Sie während der Übungen einen gleichmäßigen Atemrhythmus bei.
- Nach jeder Übung, die Sie durchgeführt haben, legen Sie eine Pause ein, die Ihrem individuellen Bedarf entspricht, bevor Sie die Übung wiederholen.
- Alle Übungen sollen individuell mehrmals täglich durchgeführt werden.
- Üben Sie mit geringer Intensität und steigern Sie langsam.
- Führen Sie keine »Mammutprogramme« durch.
- Versuchen Sie, im Alltag wirbelsäulengerechtes Verhalten zu praktizieren, die beste Übung kann dies nicht ersetzen.

Beachten Sie:

- Krankengymnastische Übungen, die durchgeführt werden, dürfen keine Schmerzen verursachen.
- Treten während oder nach Übungen Schmerzen auf, sollten Sie das Übungsprogramm unterbrechen.
- Sofern Sie operiert worden sind, muß Ihr behandelnder Arzt entscheiden, welche Maßnahmen zu treffen sind oder ob Sie die Übungen mit geändertem Ablauf fortsetzen können.

Konservative Behandlungsphase

Übungen während der Akutphase

Übung 1

Ausgangsstellung: Rückenlage
- Legen Sie die Unterschenkel auf einen Würfel (Hocker etc.).
- Die Beugung der Hüftgelenke und die Höhe der Unterlage so wählen, daß Sie bequem und ohne Schmerzen liegen.
- Eventuell die untere Gesäßhälfte mit einem Kissen o.ä. unterlagern.

Mögliche Fehler:
- Stellung ist nicht entspannt.
- Schmerz entsteht.

Übung 2

Ausgangsstellung: Bauchlage
- Legen Sie sich mit dem Bauch über einen Ball (Bank, Tisch, Stuhl etc.).
- Lassen Sie die Knie locker hängen.
- Die Zehenspitzen stehen auf dem Boden auf.
- Die Arme liegen vorne auf.
- Eventuell legen Sie sich ein Kissen unter den Bauch.

Mögliche Fehler:
- Stellung ist nicht entspannt.
- Schmerz entsteht.

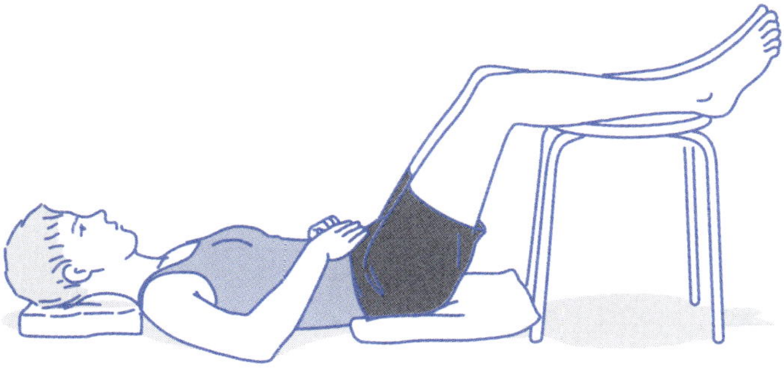

Übung 3

Ausgangsstellung: Rückenlage

- Strecken Sie die Beine aus (eventuell die Knie mit Kissen unterlagern).
- Die Arme liegen neben dem Körper.
- Schieben Sie den rechten bzw. linken Beckenkamm im Wechsel fußwärts.
- 15–20 Wiederholungen, dann eine Pause einlegen.
- Die ganze Übung 2–3mal durchführen.

Mögliche Fehler:

- Die Beckenbewegung wird zu groß gemacht.
- Die Bewegung wird ruckhaft ausgeführt.
- Die Beinmuskeln werden angespannt.
- Schmerz entsteht.

Übung 4

Ausgangsstellung: Sitz auf einem Stuhl

- Die Lendenwirbelsäule runden und wieder aufrichten.
- 10–12 Wiederholungen, dann Pause einlegen.
- Die ganze Übung 2–3mal durchführen.

Mögliche Fehler:

- Die gesamte Wirbelsäule bewegt sich.
- Kopf steht nicht in Verlängerung der Wirbelsäule, d.h. er wird zur Brust geneigt oder in den Nacken gelegt.

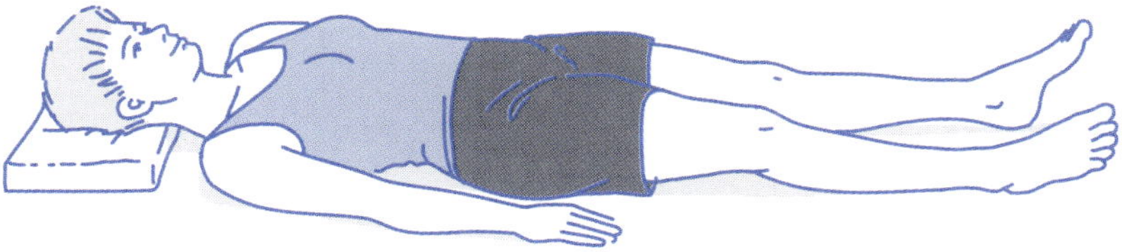

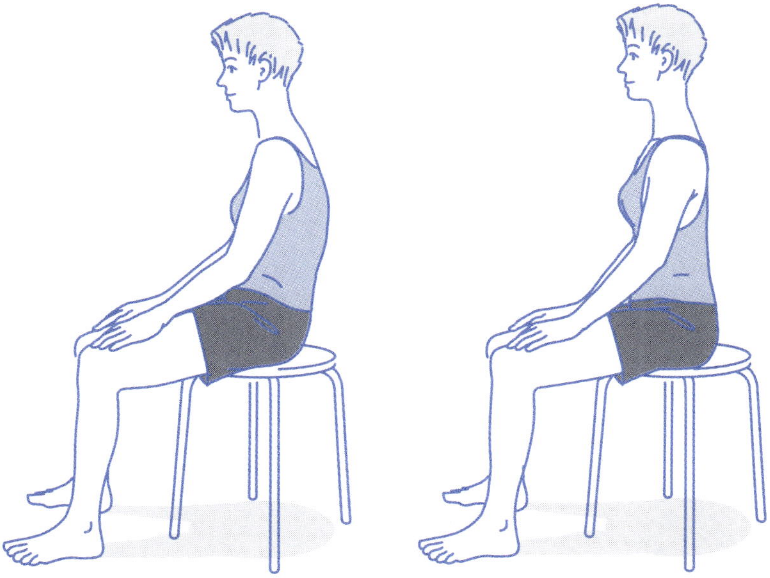

Übung 5
Bauchspannung

Ausgangsstellung: Rückenlage

- Die Beine ungefähr 45° beugen.
- Die Hände liegen auf dem Bauch.
- Den Bauch gegen die Hände spannen, indem die Rippen wie beim Ausatmen nach unten wandern.
- Die Spannung ca. 2–3 Sek. halten.
- Mehrmals täglich üben.

Mögliche Fehler:

- Lendenwirbelsäule wird in die Unterlage gedrückt bzw. der Bauch eingezogen.

Übung 6
Rückenspannung

Ausgangsstellung: Rückenlage

- Die Beine strecken und leicht abspreizen (eventuell Knie durch Knierolle leicht unterlagern).
- Die Arme strecken, beide Handrücken liegen auf der Unterlage.
- Die Gesäß anspannen, ohne die Stellung der Wirbelsäule zu ändern.
- Die Handrücken und Arme sowie Hinterkopf in die Unterlage drücken.
- Die Spannung ca. 2–3 Sek. halten.
- Mehrmals täglich üben.

Mögliche Fehler:

- Lendenwirbelsäule bewegt sich bei der Gesäßspannung.
- Kinn bewegt sich nach oben oder unten, während der Kopf in die Unterlage gedrückt wird.

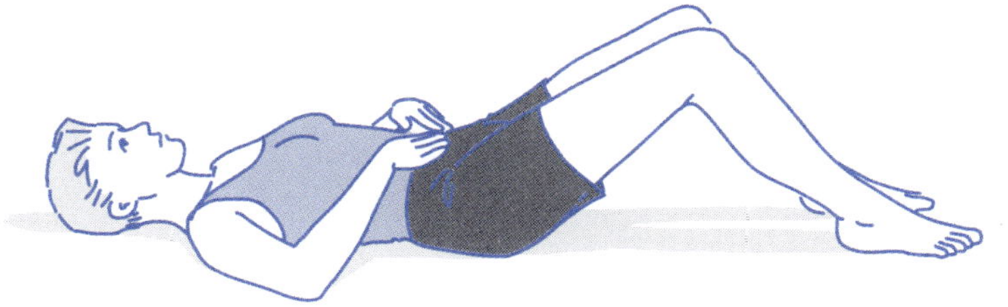

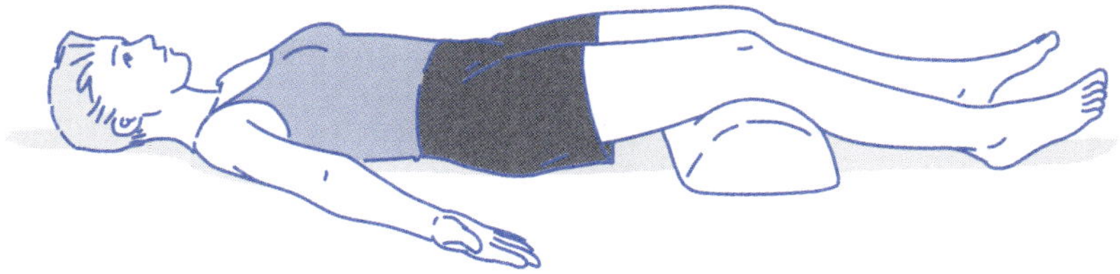

Übungen während der frühen Reha-Phase

Übung 7

Ausgangsstellung: Rückenlage

- Legen Sie die Unterschenkel auf einen Hocker ab.
- Spannen Sie den Bauch an.
- Heben Sie den Kopf von der Unterlage ab, halten ihn dabei aber weiter gerade.
- Die Handflächen liegen an den Oberschenkelaußenseiten und drücken gleichzeitig dagegen.
- Die Spannung ca. 3–5 Sek. halten.
- 5 Wiederholungen, dann Pause einlegen.
- Die gesamte Übung 3–5mal durchführen.

Mögliche Fehler:

- Luft wird angehalten.
- Druck erfolgt nicht gleichmäßig.
- Wirbelsäule wird bewegt.
- Kopf steht nicht in Verlängerung der Wirbelsäule, sondern wird zur Brust gezogen.

Übung 8

Ausgangsstellung: Bauchlage

- Falls nötig, legen Sie sich ein kleines Handtuch unter den Bauch.
- Die Arme liegen neben dem Körper.
- Die Handrücken zeigen zur Decke.
- Den Kopf von der Unterlage abheben, dabei aber gerade halten.
- Das Gesäß leicht anspannen.
- Die Schultern von den Ohren wegziehen.
- Die Arme gestreckt ca. 5–10mal deckenwärts und bodenwärts bewegen.
- Die gesamte Übung 3–5mal durchführen.

Hinweis: Bei allen Übungen in Bauchlage können entweder die Fußrücken aufliegen oder die Zehenspitzen aufgestellt werden, je nachdem welche Lage angenehmer ist.

Mögliche Fehler:

- Oberkörper wird angehoben.
- Kopf wird in den Nacken gelegt.
- Wirbelsäule wird bewegt.

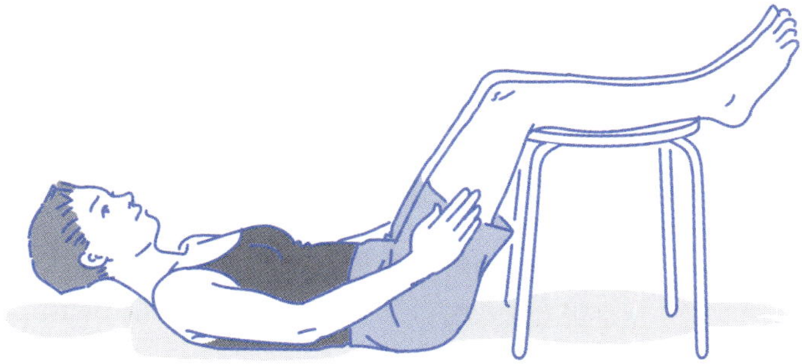

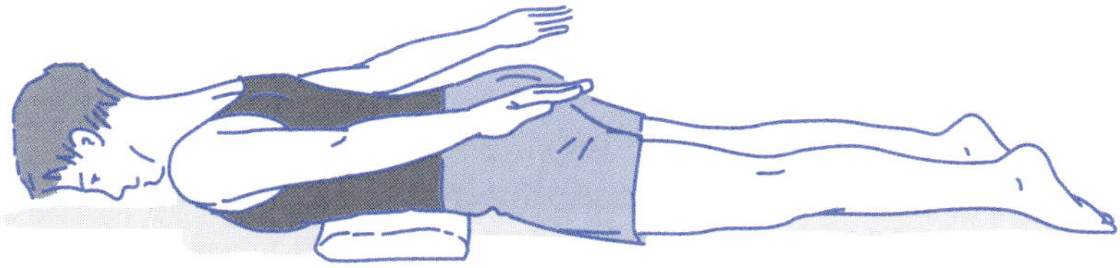

Übung 9

Ausgangsstellung: Stand

- Beugen Sie die Beine leicht an.
- Neigen Sie den Oberkörper in den Hüftgelenken etwas nach vorne.
- Den Kopf gerade halten.
- Die Arme seitlich bis ungefähr zur Waagerechten heben und wieder senken.
- 10 Wiederholungen, dann Pause einlegen.
- Die gesamte Übung 2–3mal durchführen.

Mögliche Fehler:

- Wirbelsäulenstellung wird verändert, d.h. der Oberkörper wird nach vorn bzw. hinten verlagert.
- Fußbelastung ist nicht gleichmäßig.
- Kopf steht nicht in Verlängerung der Wirbelsäule, sondern wird zur Brust geneigt oder in den Nacken gelegt.

Übung 10

Ausgangsstellung: Stand

- Beugen Sie die Beine leicht an.
- Neigen Sie den Oberkörper in den Hüftgelenken etwas nach vorne.
- Den Kopf in Verlängerung der Wirbelsäule einstellen.
- Die Arme vor dem Körper auf und nieder bewegen.
- 10 Wiederholungen, dann Pause einlegen.
- Die gesamte Übung 2–3mal durchführen.

Mögliche Fehler:

- Wirbelsäulenstellung wird verändert, d.h. der Oberkörper wird nach vorn bzw. nach hinten verlagert.
- Fußbelastung ist nicht gleichmäßig.
- Kopf steht nicht in Verlängerung der Wirbelsäule, sondern wird zur Brust geneigt oder in den Nacken gelegt.

Übungen während der späten Reha-Phase

Übung 11

Ausgangsstellung: Vierfüßlerstand

- Die Hände vor die Schultern stellen.
- Die Ellenbogen leicht beugen und einwärts drehen.
- Die Fingerspitzen zeigen nach außen.
- Den Kopf gerade halten, d.h. die Augen schauen zwischen die Hände
- Die Kniegelenke stehen unter den Hüftgelenken.
- Die Fußspitzen aufstellen.
- Legen Sie sich eine rutschige Unterlage unter eine aufgestellte Fußspitze.
- Das Bein mit der aufgestellten Fußspitze nach hinten strecken.
- In gestreckter Stellung den Fuß ungefähr 1 cm vom Boden abheben.
- Ca. 5 Sek. halten, absetzen und wieder an den Körper heranziehen.
- 5–8 Wiederholungen je Bein, dann Pause einlegen.
- Die gesamte Übung 2–3mal durchführen.

Mögliche Fehler:

- Wirbelsäule wird beim Strecken, Abheben und Beugen des Beines bewegt.
- Kopf steht nicht in Verlängerung der Wirbelsäule, sondern wird gesenkt oder in den Nacken gelegt.
- Fußspitze verliert während der Beinstreckung den Kontakt mit der Unterlage.

Übung 12

Ausgangsstellung: Vierfüßlerstand

- Beide Knie gleichzeitig ca. 1 cm vom Boden abheben.
- Ca. 5 Sek. halten.
- 10–12 Wiederholungen, dann Pause einlegen.
- Die gesamte Übung 2–3mal durchführen.

Mögliche Fehler:

- Wirbelsäule wird beim Knieabheben gerundet.
- Wirbelsäule wird bewegt.
- Kopf steht nicht in Verlängerung der Wirbelsäule, sondern wird gesenkt oder in den Nacken gelegt.

Übung 13

Ausgangsstellung: Vierfüßlerstand

- Beide Knie gleichzeitig ca. 1 cm vom Boden abheben.
- Die Knie abwechselnd vor- und zurückbewegen.
- Ca. 10 Sek. bewegen.
- 10–12 Wiederholungen, dann Pause einlegen.
- Die gesamte Übung 2–3mal durchführen.

Mögliche Fehler:

- Wirbelsäule wird beim Knieabheben gerundet.
- Wirbelsäule wird bewegt.
- Kopf steht nicht in Verlängerung der Wirbelsäule, sondern wird gesenkt oder in den Nacken gelegt.
- Knie werden beim Vor- und Zurückbewegen zu stark gebeugt.

Übung 14

Ausgangsstellung: Stand

- Verlagern Sie das Gewicht auf ein Bein (Standbein).
- Das andere Bein ungefähr 10 cm vom Boden abheben.
- Das Standbein leicht beugen (ungefähr 50°) und fast wieder strecken.
- 15–20 Wiederholungen, dann Pause einlegen.
- Die gesamte Übung 2–3mal durchführen.

Tip: Führen Sie, wenn möglich, die Übung mit Spiegelkontrolle durch.

Mögliche Fehler:

- Oberkörper wird nicht gerade gehalten.
- Knie des Standbeines wird nach innen oder außen bewegt, d.h. das Knie steht nicht über dem Sprunggelenk.
- Becken wird verdreht, es entsteht Bewegung in der Wirbelsäule.
- Belastung ist nicht gleichmäßig auf den ganzen Fuß verteilt.

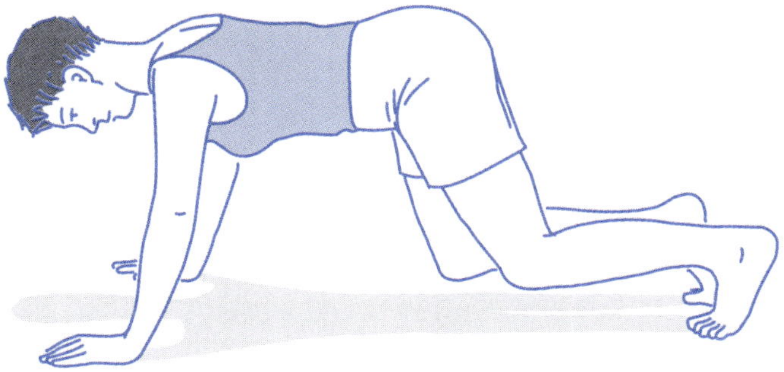

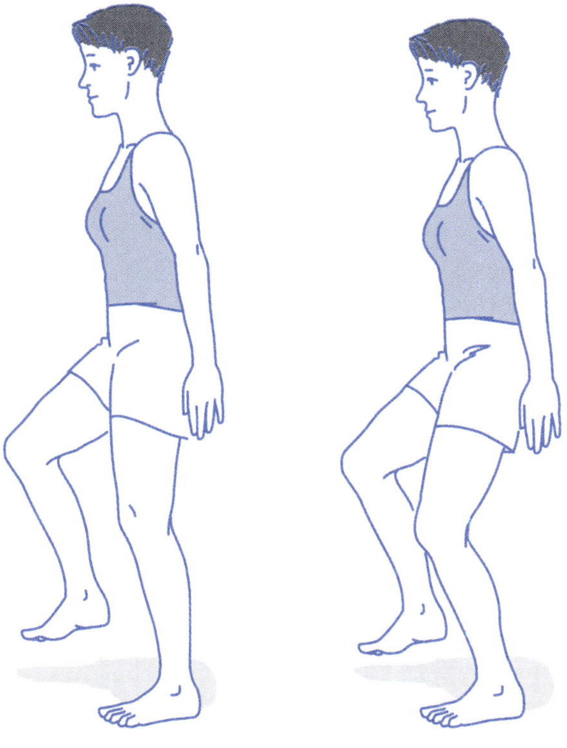

Übung 15

Ausgangsstellung: Unterarmstütz

- Statt auf die Hände (wie beim Vierfüßlerstand) stützen Sie sich auf die Unterarme.
- Die Ellenbogen stehen unter den Schultergelenken.
- Die Hände sind zur Faust geschlossen und liegen mit den Handkanten am Boden auf.
- Den Kopf gerade halten, d.h. zwischen die Unterarme schauen.
- Beide Knie fast ausstrecken
- Beide Knie gleichzeitig ca. 1 cm abheben.
- Ca. 5 Sek. halten
- 10–15 Wiederholungen, dann Pause einlegen.
- Die gesamte Übung 2–3mal durchführen.

Mögliche Fehler:

- Absinken oder Runden der Wirbelsäule.
- Becken und Schultergürtel sind nicht in einer Linie, vor allem das Gesäß steht zu hoch.
- Kopf steht nicht in Verlängerung der Wirbelsäule, sondern wird gesenkt oder in den Nacken gelegt.
- Knie werden zu weit abgehoben.

Übung 16

Ausgangsstellung: Vierfüßlerstand

- Legen Sie sich eine rutschige Unterlage unter eine Hand.
- Heben Sie beide Knie gleichzeitig ungefähr 1 cm ab.
- Mit der Hand auf der Unterlage ca. 5 Sek. einige Zentimeter **vor und zurück** wischen.
- 5–10 Wiederholungen je Hand, dann Pause einlegen.
- Die gesamte Übung 2–3mal durchführen.

Variante: Mit der Hand auf der Unterlage ca. 5 Sek. einige Zentimeter **seitwärts** wischen, sonst genau so ausführen wie oben beschrieben.

Mögliche Fehler:

- Becken kippt ab.
- Wirbelsäule wird bewegt.
- Ellenbogengelenk des Standarmes wird überstreckt.
- Kopf steht nicht in Verlängerung der Wirbelsäule.
- »Wischbewegung« wird zu weit gemacht.
- Belastung verteilt sich nicht gleichmäßig auf die beiden Fußspitzen.

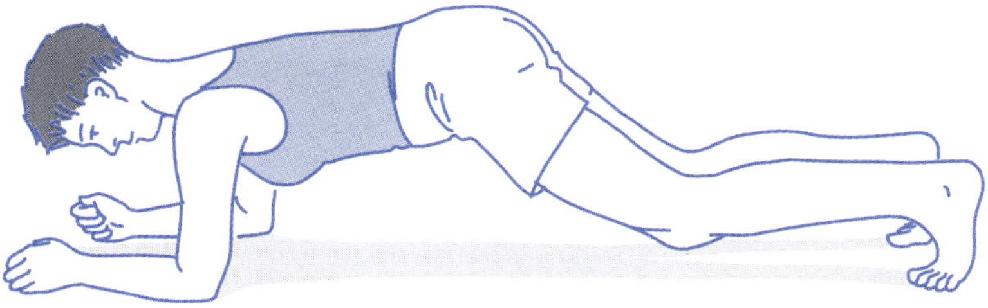

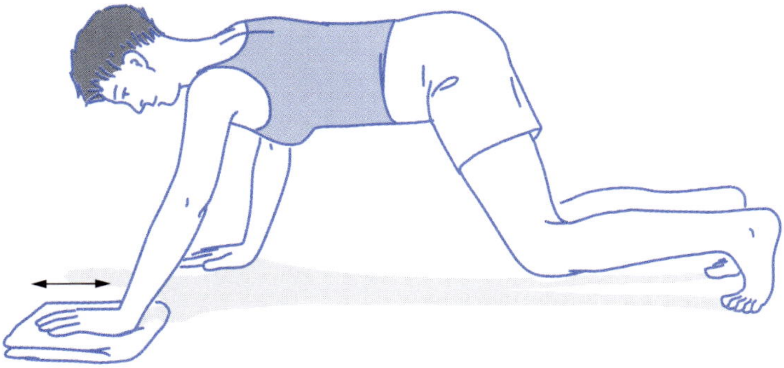

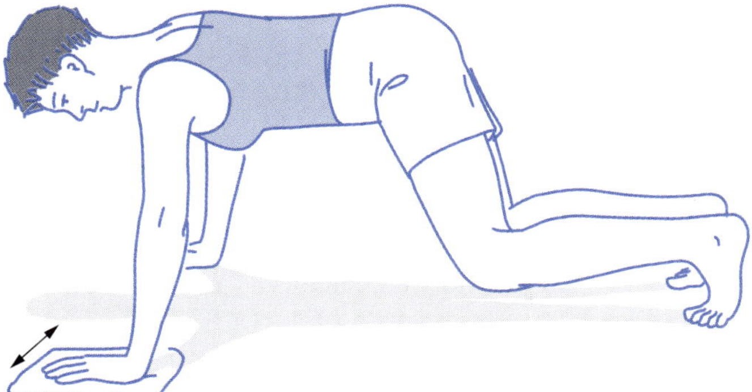

Übung 17

Ausgangsstellung: Liegestützposition

- Der Körper ist auf Hände und Zehenspitzen gestützt.
- Die Knie berühren den Boden nicht.
- Die Augen schauen zwischen die Handflächen.
- Senken Sie den Oberkörper und das Becken durch Beugen der Ellenbogengelenke (Liegestütz).
- 3–10 Wiederholungen, dann Pause einlegen.
- Die gesamte Übung 2–3mal durchführen.

Mögliche Fehler:

- Gesäß wird nicht gleichzeitig mit dem Oberkörper abgesenkt, so daß ein Hohlkreuz entsteht.
- Kopf steht nicht in Verlängerung der Wirbelsäule, sondern wird gesenkt oder in den Nacken gelegt.

Übung 18

Ausgangsstellung: seitlicher Liegestütz

- Dafür in Seitlage den Ellenbogen unter die Schulter setzen.
- Der Unterarm liegt auf dem Boden und bildet mit dem Oberarm einen rechten Winkel.
- Die Beine im Hüftgelenk leicht beugen (etwa 30°).
- Die Knie strecken.
- Den obenliegenden Arm auf dem Becken auflegen.
- Drücken Sie das Becken vom Boden hoch.
- Den Kopf dabei in Verlängerung der Wirbelsäule gerade halten.
- Die Position 5–7 Sek. halten.
- 5–10 Wiederholungen, dann Pause einlegen.
- Die gesamte Übung 2–3mal pro Seite durchführen.

Mögliche Fehler:

- Keine gerade Wirbelsäulenstellung.
- Kopf steht nicht in Verlängerung der Wirbelsäule, sondern ist zur Brust geneigt oder in den Nacken gelegt.
- Becken kippt nach vorne oder nach hinten ab.

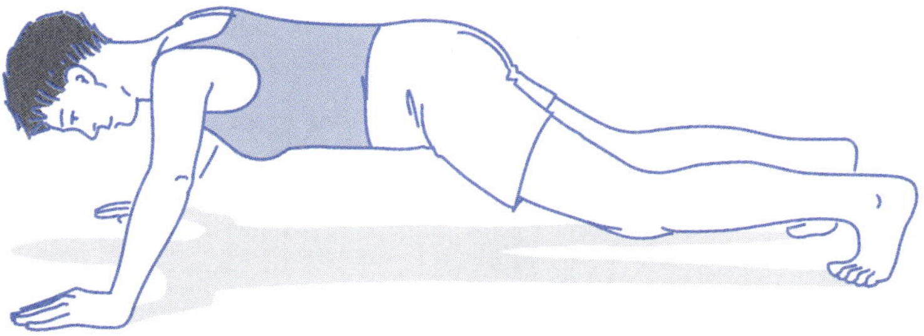

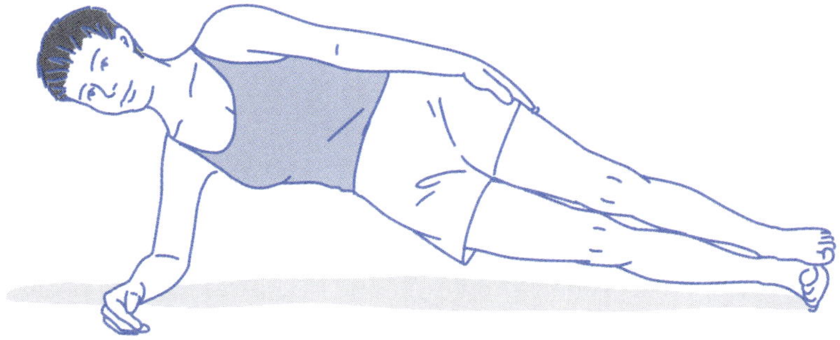

Übung 19

Ausgangsstellung: Stand

- Nehmen Sie das Theraband (ein elastisches Gummiband, das in unterschiedlichen Stärken erhältlich ist) unter beide Füße.
- Gehen Sie in leichte Grätschstellung.
- Die Knie sind leicht gebeugt und stehen über den Sprunggelenken.
- Den Oberkörper durch Beugung der Hüftgelenke leicht nach vorne verlagern.
- Nehmen Sie je ein Ende des Bandes in eine Hand.
- Beide Arme seitlich hoch bewegen (*nicht* bis zur Waagrechten) und wieder absenken.
- 10–20 Wiederholungen, dann Pause einlegen.
- Die Übung 3–4mal durchführen.

Mögliche Fehler:

- Oberkörper wird nach hinten verlagert, es kommt zum Hohlkreuz.
- Schultern werden hochgezogen.
- Arme werden über Schulterhöhe hinaus bewegt.
- Kopf steht nicht in Verlängerung der Wirbelsäule, sondern wird gesenkt oder in den Nacken gelegt.

Übung 20

Ausgangsstellung: Stand

- Die Knie sind leicht gebeugt.
- Das Theraband liegt unter Ihren Füßen.
- Sie halten die Therabandenden in der rechten und linken Hand.
- Mit der rechten Hand das Band nach rechts oben ziehen und die Spannung langsam wieder abnehmen lassen (das Band immer unter Spannung lassen).
- 10–20 Wiederholungen, dann Pause einlegen.
- Die Übung je Arm 2–3mal durchführen.

Mögliche Fehler:

- Oberkörper wird nach hinten verlagert.
- Schulter des bewegenden Armes wird hochgezogen.
- Kopf steht nicht in Verlängerung der Wirbelsäule, sondern wird zur Brust gesenkt oder in den Nacken gelegt.
- Knie werden gestreckt.

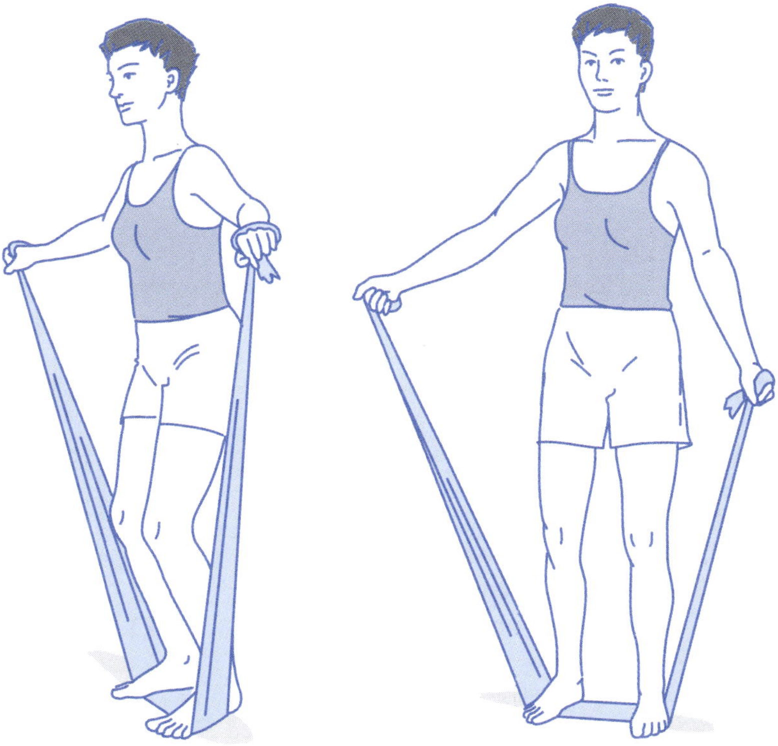

Übung 21

Ausgangsstellung: Stand auf der Treppe, Gesicht treppaufwärts richten

- Beide Vorfüße stehen auf der Treppe, die Fersen ragen über die Stufe hinaus.
- Das Gesäß anspannen.
- Auf die Zehenspitzen hochdrücken und Fersen wieder absenken.
- 15–20 Wiederholungen, dann Pause einlegen.
- Die Übung 2–3mal durchführen.

Mögliche Fehler:

- Oberkörper wird nach hinten verlagert.
- Gesäß wird nach hinten geschoben.
- Ungleiche Fußbelastung.

Übung 22

Ausgangsstellung: Stand auf der Treppe, Gesicht treppabwärts richten

- Ein Bein auf eine Stufe stellen, das andere vor der Stufe nach unten hängen lassen.
- Das Standbein beugen, bis das Knie über das Sprunggelenk hinaus zeigt.
- Mit der nach unten hängenden Zehenspitze die untere Stufe berühren.
- Das Knie wieder strecken.
- 10–20 Wiederholungen, dann Pause einlegen.
- Die Übung 2–3mal durchführen.

Mögliche Fehler:

- Oberkörper wird nach hinten verlagert.
- Gesäß wird nach hinten geschoben.
- Knie des Standbeines bewegt sich nach innen oder außen.
- Becken wird verdreht.

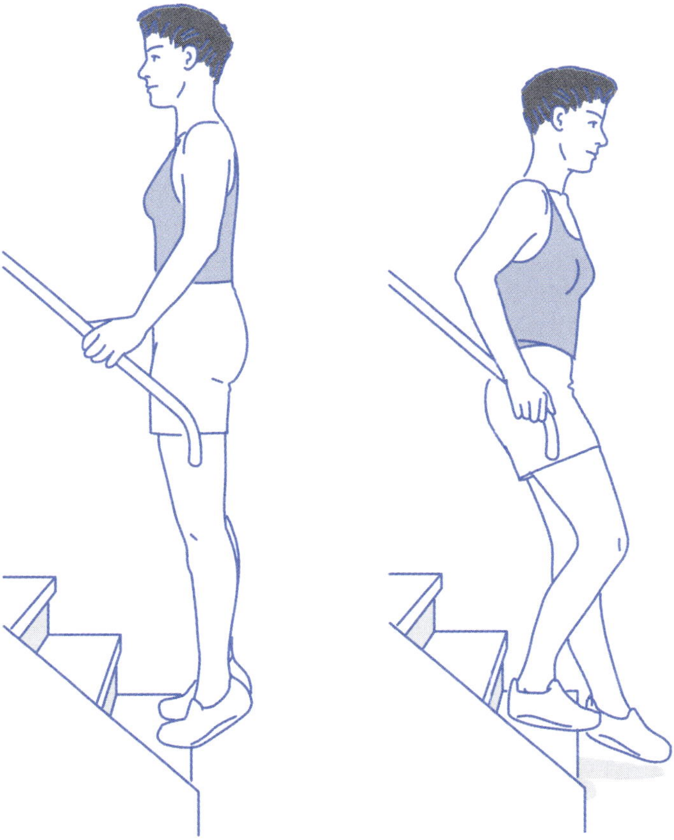

Postoperative Behandlungsphase

Die ersten Bewegungen

Aufstehen über Seitlage

Ausgangsstellung: Rückenlage

- Das der Drehseite abgewandte Bein aufstellen, den entgegengesetzten Arm neben den Kopf legen.
- Über das aufgestellte Bein Druck in die Unterlage geben, Schulter und Beckengürtel zur Seite drehen.
- Der neben dem Kopf liegende Arm und der vor dem Rumpf aufgestützte Arm drücken in die Unterlage.
- Gleichzeitig die gebeugten Beine aus dem Bett nehmen, mit beiden Fersen gegen die Bettkante drücken.
- Während des Aufrichtens sofort Bodenkontakt aufnehmen.

Mögliche Fehler:

- Schultergürtel und Becken werden während des Drehens in die Seitlage nicht zusammen bewegt.
- Man sitzt während der Aufrichtung, und die Beine hängen frei in der Luft.

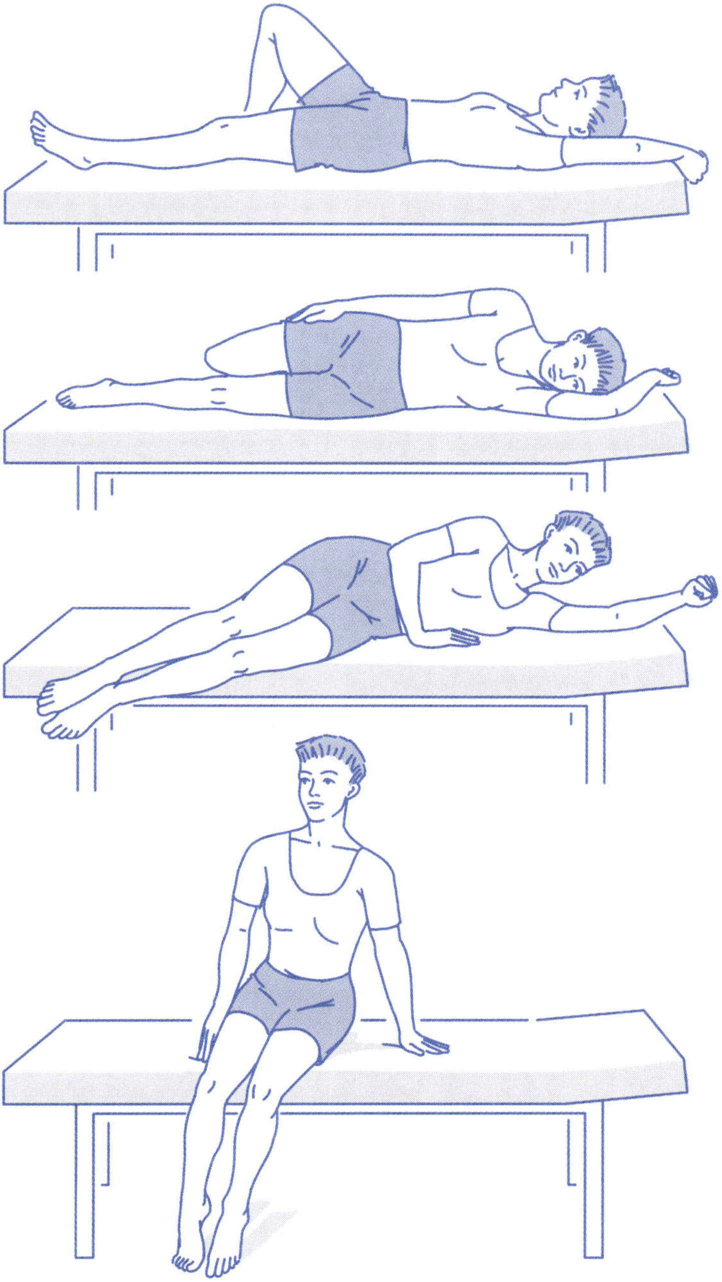

Aufstehen über Bauchlage

Ausgangsstellung: Rückenlage

- Den auf der Drehseite liegenden Arm neben den Kopf legen, das Bein der anderen Seite aufstellen.
- Den der Drehseite abgewandten Arm zusammen mit dem gebeugten Bein auf die andere Körperseite ziehen.
- Das Becken und den Schultergürtel gleichzeitig über Seit- in Bauchlage drehen.
- Die Unterarme auf Schulterhöhe abstützen.
- Mit den Unterarmen nach vorn in die Unterlage Druck geben und dabei das bettkantennahe Bein über die Kante schieben und auf dem Boden absetzen.
- Über den Druck und die Armstreckung das andere Bein aus dem Bett schieben und mit der Zehenspitze auf dem Boden aufsetzen.
- Aufrichten.

Mögliche Fehler:

- Druck der Arme fehlt.
- Beine werden aktiv abgehoben, und es entsteht Bewegung in der Lendenwirbelsäule.
- Oberkörper wird während des Aufrichtens abgehoben, und es entsteht ein Hohlkreuz.

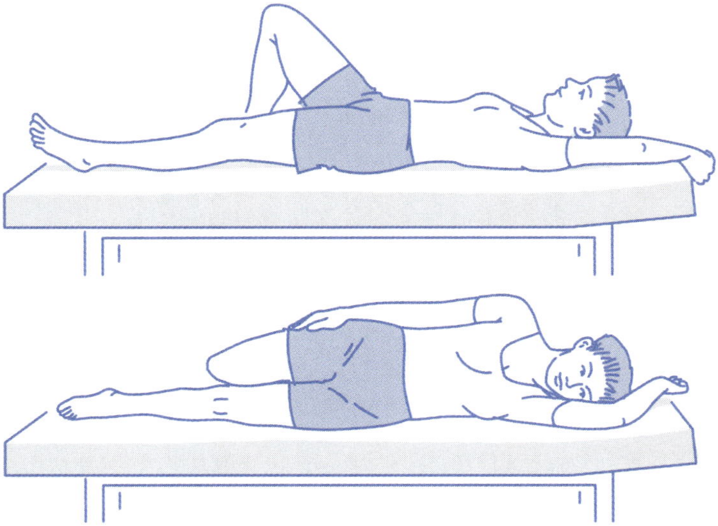

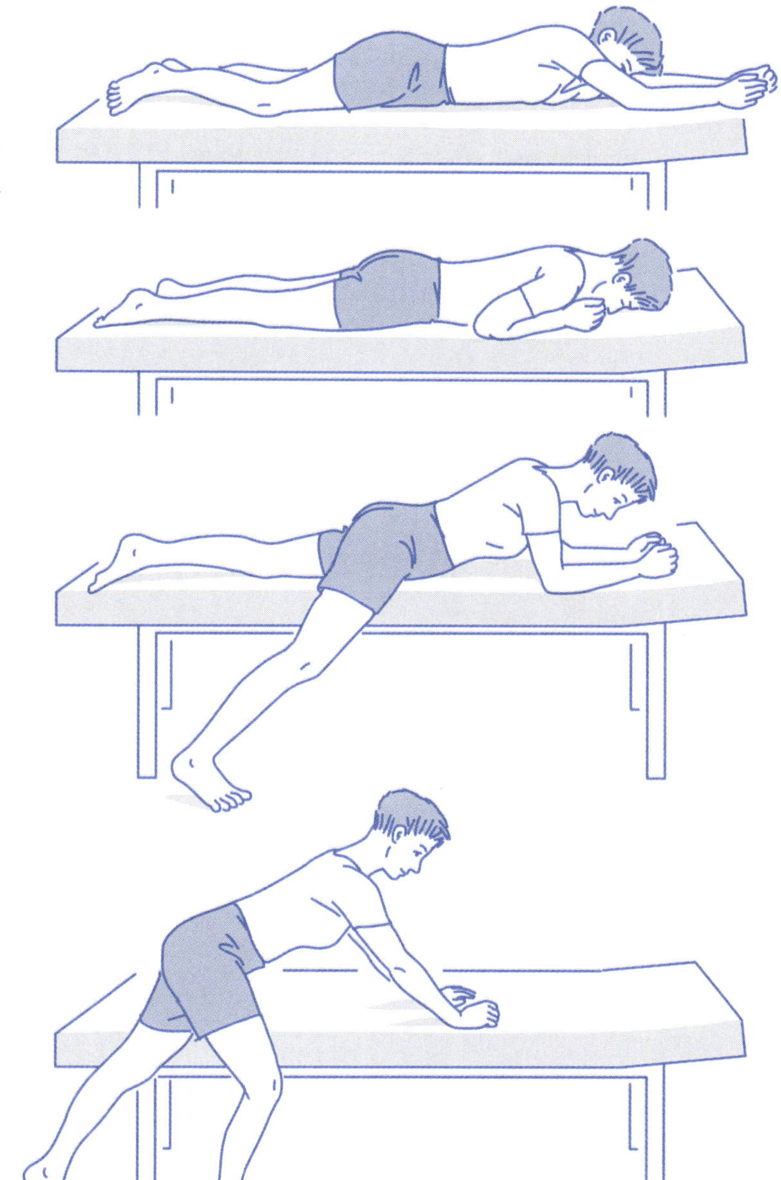

Hinlegen über Bauchlage

Ausgangsstellung: Stand (leicht schräg zum Bett stehen)

- Das dem Bett abgewandte Bein anbeugen.
- Die Hände bei geradem Rücken auf dem Bett abstützen.
- Die Arme nach vorne oben schieben, dabei das dem Bett zugewandte Bein in das Bett gleiten lassen.
- Das andere Bein abheben und ebenso im Bett ablegen.

Mögliche Fehler:

- Arme bleiben auf Hüfthöhe und gleiten nicht nach vorne.

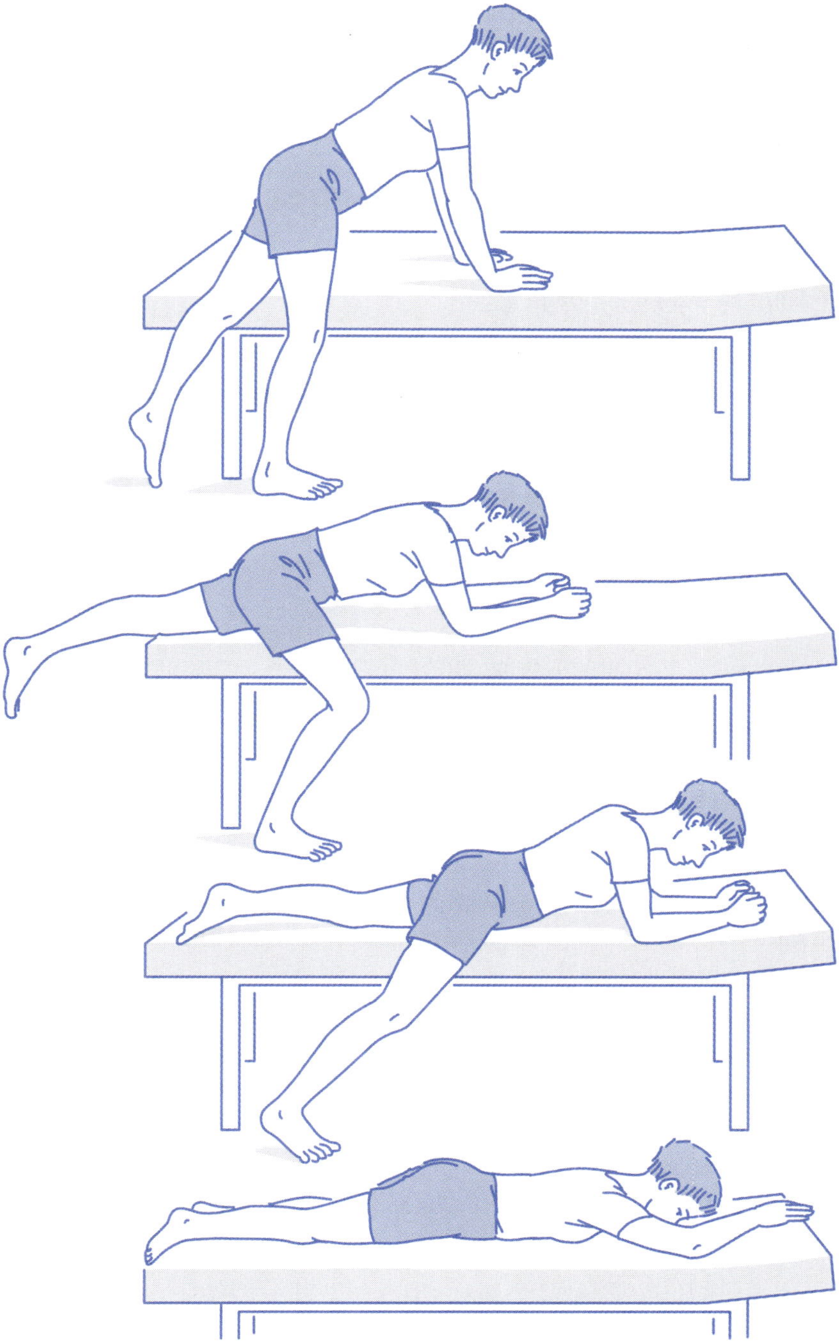

Übungen während der Akutphase

Übung 1: *Üben der Bauchspannung*
Ausgangsstellung: Rückenlage

- Die Beine ungefähr 45° beugen.
- Die Hände liegen auf dem Bauch.
- Den Bauch gegen die Hände spannen, indem die Rippen wie beim Ausatmen nach unten wandern.
- Die Spannung ca. 2–3 Sek. halten.
- Mehrmals täglich üben.

Mögliche Fehler:

- Lendenwirbelsäule wird in die Unterlage gedrückt bzw. der Bauch eingezogen.

Übung 2: *Üben der Rückenspannung*
Ausgangsstellung: Rückenlage

- Die Beine strecken und leicht abspreizen (eventuell Knie durch Knierolle leicht unterlagern).
- Die Arme strecken, beide Handrücken liegen auf der Unterlage.
- Das Gesäß anspannen, ohne die Stellung der Wirbelsäule zu ändern.
- Die Handrücken und die Arme sowie Hinterkopf in die Unterlage drücken.
- Die Spannung ca. 2–3 Sek. halten.
- Mehrmals täglich üben.

Mögliche Fehler:

- Lendenwirbelsäule bewegt sich bei der Gesäßspannung.
- Kinn bewegt sich nach oben oder unten, während der Kopf in die Unterlage gedrückt wird.

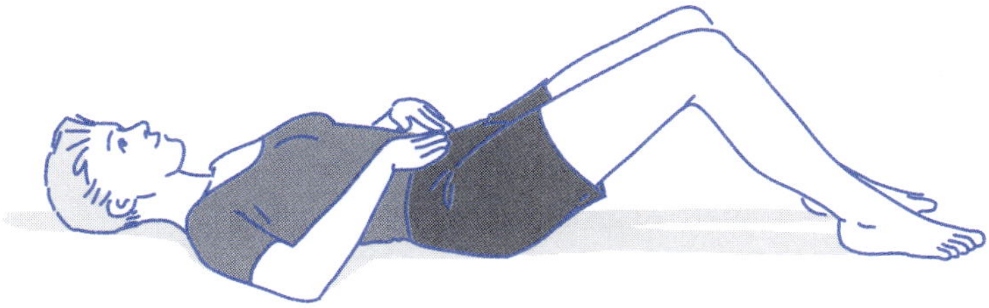

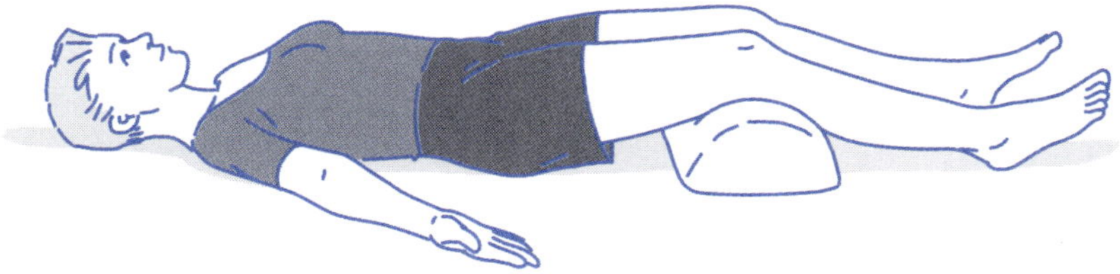

Übung 3: *Bauchmuskelübung*
Ausgangsstellung: Rückenlage

- Die Beine ungefähr 45° beugen.
- Den Bauch anspannen.
- Den Kopf von der Unterlage heben, ohne das Kinn auf die Brust zu ziehen.
- Die Handflächen liegen an den Oberschenkelaußenseiten und drücken gleichzeitig dagegen.
- Die Spannung ca. 3–5 Sek. halten.
- 5 Wiederholungen, dann Pause einlegen.
- Die gesamte Übung 3–5mal durchführen.

Mögliche Fehler:

- Luft wird angehalten.
- Druck erfolgt nicht gleichmäßig.
- Wirbelsäule wird bewegt.
- Kopf wird nicht gerade gehalten, sondern Richtung Brust geneigt.

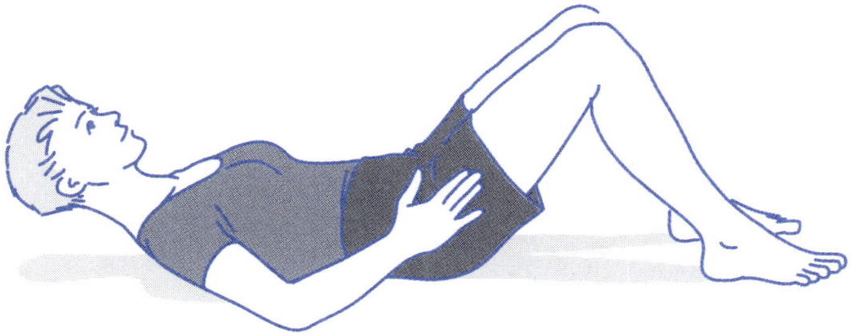

Übung 4: *Rückenmuskelübung*
Ausgangsstellung: Rückenlage

- Die Beine ungefähr 45° beugen.
- Die Handkanten liegen auf der Unterlage, wobei die Arme gestreckt und leicht abgespreizt vom Körper aufliegen.
- Die Schultern von den Ohren wegziehen und Druck mit den Handkanten in die Unterlage geben.
- Die Spannungen ca. 3–5 Sek. halten.
- 5 Wiederholungen, dann Pause einlegen.
- Die gesamte Übung 2mal durchführen.

Mögliche Fehler:

- Luft wird angehalten.
- Es entsteht ein Hohlkreuz.

Übung 5: *Rückenmuskelübung*
Ausgangsstellung: Bauchlage

- Die Arme liegen neben dem Körper.
- Die Handrücken zeigen zur Decke.
- Den Kopf von der Unterlage abheben, dabei weiterhin gerade halten (nicht in den Nacken legen).
- Das Gesäß leicht anspannen.
- Die Schultern von den Ohren weg in Richtung Füße ziehen.
- Die Arme gestreckt ca. 5–10mal deckenwärts und bodenwärts bewegen.
- Die gesamte Übung 3–5mal durchführen.

Hinweis: Bei allen Übungen in Bauchlage können entweder die Fußrücken aufliegen oder die Zehenspitzen aufgestellt werden, je nachdem welche Lage angenehmer ist.

Mögliche Fehler:

- Oberkörper wird von der Unterlage abgehoben.
- Kopf wird in den Nacken gelegt.
- Wirbelsäule wird bewegt.

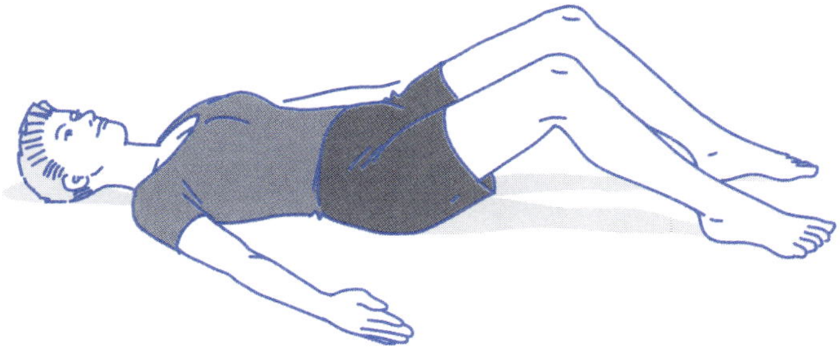

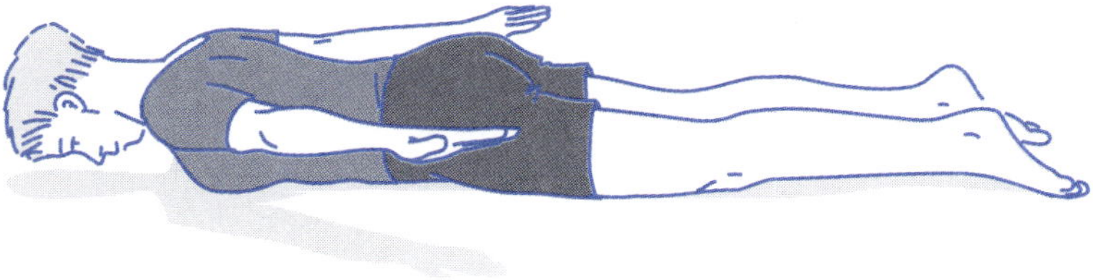

Übung 6: *Oberschenkelmuskelübung*

Ausgangsstellung: Stand

- Das Gesäß (Kreuzbein) an der Wand anlehnen.
- Die Knie leicht beugen.
- Die Hände auf den Oberschenkeln abstützen.
- Den Oberkörper durch Beugung im Hüftgelenk leicht nach vorne verlagern.
- Die Knie bis maximal 70° beugen, dabei an der Wand entlangrutschen.
- Nicht zu tief sinken lassen, dann das Gesäß wieder fast bis zur Streckung der Knie nach oben schieben.
- 10–20 Wiederholungen, dann Pause einlegen.
- Die gesamte Übung 3mal durchführen.

Übung 7: *Oberschenkelmuskelübung*

Ausgangsstellung: Schrittstellung, ohne Anlehnen

- Die Hände auf den Oberschenkeln abstützen.
- Den Oberkörper durch Beugung im Hüftgelenk leicht nach vorne verlagern.
- Das vordere Bein mehr belasten.
- Die Knie in dieser Stellung leicht beugen und wieder fast strecken.
- 10–20 Wiederholungen, dann eine Pause einlegen.
- Die gesamte Übung 3mal durchführen.

Mögliche Fehler:

- Knie stehen bei der Beugung nicht über den Füßen, d.h. die Knie werden nach außen oder nach innen bewegt.
- Rücken wird nicht gerade gehalten.

Übungen während der frühen Reha-Phase

Übung 8: *Rumpf- und Beintraining*
Ausgangsstellung: Rückenlage, die Arme liegen neben dem Körper

- Die Beine ungefähr 45° beugen.
- Die Unterarme anbeugen.
- Den Bauch anspannen.
- Den Kopf und die Schultern abheben, den Kopf dabei gerade halten.
- Die Arme 15–20mal deckenwärts strecken und wieder senken.
- Die gesamte Übung 2–3mal durchführen.

Übung 9: *Rumpf- und Beintraining*
Ausgangsstellung: Rückenlage, die Arme liegen neben dem Körper

- Die Beine ungefähr 45° beugen.
- Den Bauch anspannen.
- Den Kopf und die Schultern abheben, den Kopf dabei gerade halten.
- Die Handflächen zeigen zum Körper.
- Die Arme 15–20mal gestreckt parallel zum Körper in Richtung Kopf und wieder zurück bewegen.
- Die gesamte Übung 2–3mal durchführen.

Hinweis: Anfangs können die Übungen auch durchgeführt werden, ohne den Kopf und die Schultern abzuheben.

Mögliche Fehler:

- Kopf steht nicht in Verlängerung der Wirbelsäule, sondern wird zur Brust gezogen.
- Bauch wird eingezogen, und die Lendenwirbelsäule nach unten gedrückt.

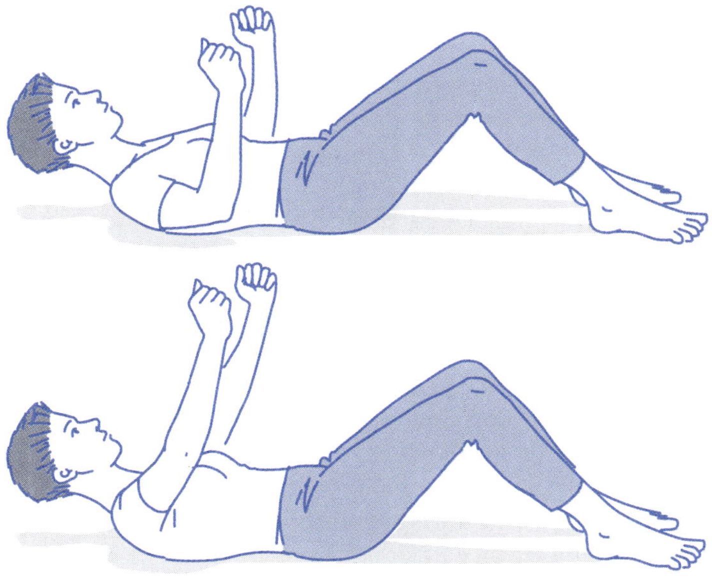

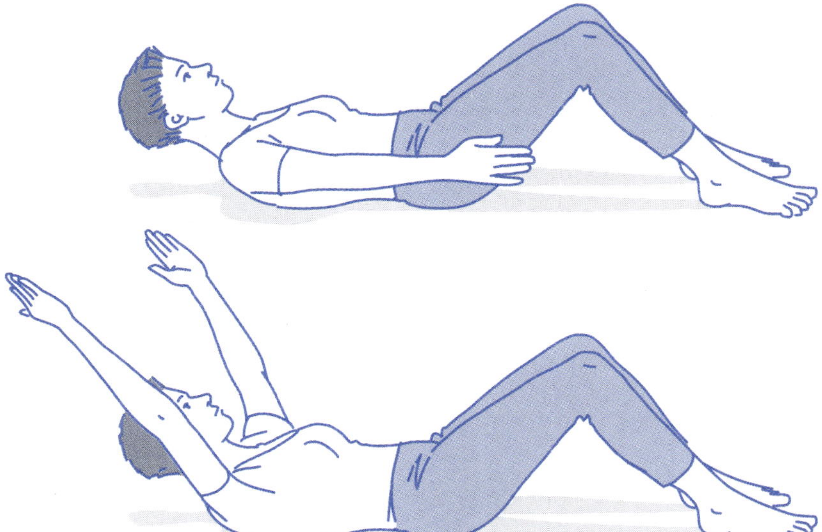

Übung 10: *Rumpf- und Beintraining*
Ausgangsstellung: Bauchlage

- Die Handflächen neben den Hüften auf die Unterlage stützen, Ellenbogen leicht beugen.
- Das Gesäß leicht anspannen.
- Den Kopf von der Unterlage abheben, dabei weiter gerade halten.
- Die Schultern von den Ohren wegziehen, die Schulterblätter bewegen sich zur Wirbelsäule.
- Die Handflächen abheben, die Arme strecken und wieder beugen.
- 15–20 Wiederholungen, dann Pause einlegen.
- Die gesamte Übung 2–3mal durchführen.

Übung 11: *Rumpf- und Beintraining*
Ausgangsstellung: Bauchlage

- Die Arme liegen leicht abgespreizt neben dem Körper, die Handflächen zeigen zum Boden.
- Das Gesäß leicht anspannen.
- Den Kopf von der Unterlage abheben, dabei weiter gerade halten.
- Die Schultern von den Ohren wegziehen.
- Die Arme abheben und im Ellenbogengelenk beugen und strecken.
- 15–20 Wiederholungen, dann Pause einlegen.
- Die gesamte Übung 2–3mal durchführen.

Mögliche Fehler:

- Schulterblätter bleiben nicht an der Wirbelsäule.
- Kopf steht nicht in Verlängerung der Wirbelsäule, sondern wird in den Nacken gelegt.
- Oberkörper wird von der Unterlage abgehoben.

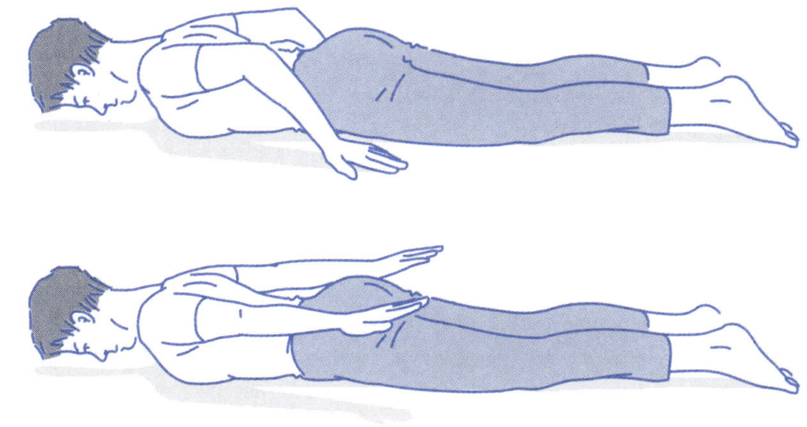

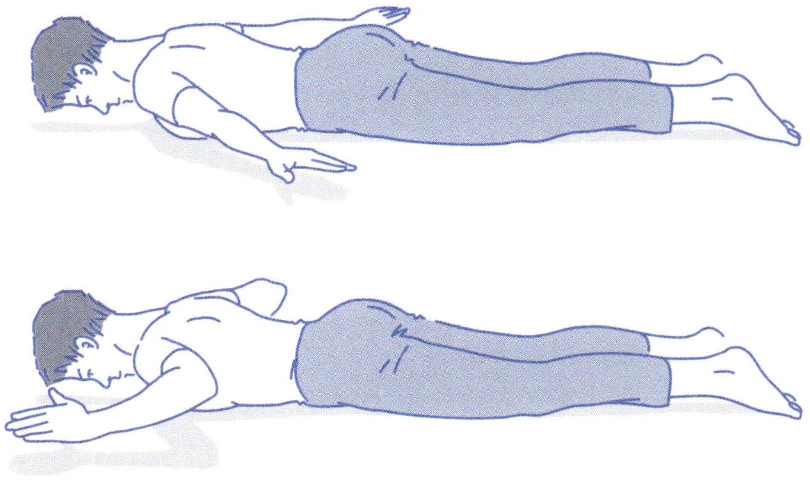

Übungen während der späten Reha-Phase

Sämtliche Übungen in der **postoperativen** späten Reha-Phase sind identisch mit den Übungen der **konservativen** späten Reha-Phase.

Ergänzende Übungen

Übungen im Wasser

Warmes Wasser mit einer Temperatur von 32 bis 34 °C ist ideal für eine Übungsbehandlung im Wasser. Dadurch werden Sie entspannt, das Wasser nimmt Ihnen die körperliche Belastung und fördert die Muskelfestigung durch seinen Widerstand.

Übungsempfehlungen für Schwimmer: Die selbsttätigen Übungen können entweder in Form des einfachen Schwimmens mit wechselndem Schwimmstil oder gezielt nach Anleitung durchgeführt werden.

Voraussetzung für eine erfolgreiche Schwimmbehandlung ist die vollständige Entkrampfung unseres Körpers. Treten Beschwerden auf, so kann das Folge von Angst und Unsicherheit im Wasser sein, was wiederum zu einer falschen Haltung führt. Längeres Brustschwimmen ist aufgrund der dadurch ständig überstreckt gehaltenen Wirbelsäule zu vermeiden. Günstig für die Wirbelsäule sind Kraulschwimmen und Rückenschwimmen. Auch häufiges Drehen um die eigene Körperachse im Wasser, einmal links, einmal rechts herum, ist empfehlenswert. Dadurch werden Spannungszustände leicht beseitigt. Die spielerische Fortbewegung im Wasser ist besonders vorteilhaft.

Übungsempfehlungen für Nichtschwimmer:

- Gehen mit großen Schritten.
- Gehen mit großen Schritten und dabei die Arme kräftig durch das Wasser ziehen, jeweils Arm und Bein der Gegenseite.
- Seitwärtsgehen: Beim Abspreizen der Beine die Arme ebenfalls abspreizen, beim Schließen der Beine die Arme zum Körper heranziehen.
- Rückwärtsgehen.
- Sehr schnell im Wasser treten, so daß der Körper aufrecht im Wasser steht.

Übungen im Gehen

- Gehen Sie unter Kontrolle der Augen auf einer Linie entlang.
- Nehmen Sie nun ein Seil zur Hilfe, legen Sie es auf die Erde, und gehen Sie an ihm entlang. Sehen Sie nicht hin, sondern tasten Sie das Seil mit den Füßen.

- Gehen Sie nun auf den Zehen, achten Sie darauf, daß diese den Fuß von den Zehenballen bis zu den Zehenspitzen weiter abdrücken.
  Anmerkung: Von hinten muß man die ganze Fußsohle sehen, das gilt auch für das normale Gehen.
- Gehen Sie jetzt auf den Zehen über ein Seil.
- Gehen Sie jetzt rückwärts, holen Sie dabei mit den Beinen weit nach hinten aus, blicken Sie nicht nach hinten, sondern versuchen Sie, mit den Füßen den Raum nach hinten auszutasten.
- Mit musikalischer Untermalung rhythmisch vor- und zurückgehen. Das Einschlagen der entgegengesetzten Richtung darf keine Schwierigkeiten machen.

Übungen zur Schmerzlinderung

Treten akut Schmerzen auf, muß der Arzt aufgesucht werden. Leiden Sie unter immer wiederkehrenden leichteren Schmerzzuständen, und ist Ihr behandelnder Arzt darüber informiert, so können Sie auch selbst etwas zur Schmerzlinderung tun:

- Entlastung der Wirbelsäule und gleichmäßige Wärme durch Bettruhe;
- Ein warmes Bad wirkt of schmerzlindernd.

Dazu können Sie beim Nachlassen der schmerzhaften Spannung leichte Übungen im Wasser durchführen, wobei Sie die Schmerzgrenze immer beachten müssen (s. Übungen im Wasser).

Die hier aufgeführten Übungen im Wasser, die Übungen im Gehen und die Übungen zur Schmerzlinderung dürfen in der postoperativen Reha-Phase nur nach Anleitung und unter Aufsicht begonnen werden.

Maßnahmen bei Gefühlsstörungen

Streichen, Beklopfen, auch Massagen mit weicher Bürste können im Bereich der gestörten Hautbezirke zu einer besseren Rückkehr der normalen Gefühlsempfindung führen.

Übungen bei Muskelschwäche (Lähmungen)

Bei bestehenden Muskelschwächen und Lähmungen muß mit der betroffenen Muskulatur besonders intensiv geübt werden. Dazu ist fachgerechte, krankengymnastische Anleitung notwendig. Hat der Patient die Übungen (Ausgangsstellung, Übungsauswahl, Häufigkeit und Pausen) erlernt, kann er selbständig weiterüben, um die Muskulatur zu kräftigen. Bleibt ein Übungserfolg zunächst aus, ist es wichtig, sich ausdauernd und bewußt auf die erwünschte Muskeltätigkeit zu konzentrieren.

Schlußwort

Unter bandscheibenbedingten Schmerzen leiden viele Menschen. Es gibt aber auch andere Gründe für ihre Beschwerden. Die Diagnose stellt deshalb der behandelnde Arzt.

Es bleibt zu hoffen, daß der Ratgeber seinen Zweck erfüllt hat: über das Bandscheibenleiden im Bereich der Lendenwirbelsäule zu informieren und Wege für eine Krankheitsvorsorge bzw. für eine erfolgreiche Nachsorge zu eröffnen.

Ärztlicher Rat und ärztliche Hilfe können nur wirksam werden, wenn auch der Betroffene bereit ist, einen eigenen Beitrag zu seiner Genesung zu liefern. Der Kranke erwartet vom Arzt, daß dieser ihn von seinen Schmerzen befreit und gesund macht. Doch dieses Ziel läßt sich nur erreichen, wenn Arzt und Patient vertrauensvoll zusammenarbeiten. Der Arzt muß vom Kranken erwarten können, daß dieser die ärztlichen Bemühungen unterstützt und die empfohlene Behandlung durchführt.

Und noch ein Hinweis: Sie müssen aus den Empfehlungen für die Aktivitäten des täglichen Lebens und den Anleitungen im Übungsteil keinen täglichen Verhaltens- und Übungszwang ableiten. Versuchen Sie, die brauchbaren Anregungen zu einer natürlichen Selbstverständlichkeit werden zu lassen. Haben Sie diesen Schritt innerlich vollzogen, werden Sie Ihre ängstliche Unsicherheit ablegen und Beruhigung empfinden: Sie haben damit selbst Verantwortung für Ihre Gesundheit übernommen.

Die Zielsetzung dieses Ratgebers hätte sich erfüllt!

Dank

Herrn Prof. Dr. med. W. Bähren, Leitender Arzt der Radiologischen Abteilung, Bundeswehrkrankenhaus Ulm, verdanke ich die Auswahl und Überlassung der Röntgen-Bilder, Computer- und MR-Tomographien. Herrn Rechtsanwalt E. Knorr, Ulm, danke ich für die erneute Überarbeitung des Kapitels »Das Aufklärungsgespräch vor der Operation«. Mein besonderer Dank gilt Herrn Dr. med. G. Kremer, Chefarzt der Neurochirurgischen Klinik, Ev. Krankenanstalten Duisburg-Nord, für seine vielfachen Anregungen, die in den Text eingeflossen sind. Danken möchte ich zum Schluß der TRIAS-Redaktion, Frau U. Spieldiener und Frau S. Warmuth, für die verständnisvolle und gewohnt gute Zusammenarbeit.

Fremdwörterverzeichnis

Affekt
Gemütsverfassung; im engeren Sinn als heftige Gemütswallung mit vegetativer Begleiterscheinung definiert

Analgetika
schmerzstillende Mittel

Anatomie
Lehre vom Bau der Körperteile

Antikoagulantien
gerinnungshemmende Substanzen

Antiphlogistika
Mittel zur Behandlung von Entzündungen

Anulus fibrosus
äußerer Faserknorpelring der Zwischenwirbelscheibe

Balance
Gleichgewicht

Biochemie
Grundlagenwissenschaft, die mit den Methoden der Chemie die Lebensvorgänge im Organismus untersucht

Biomechanik
Lehre von den mechanischen Vorgängen in und an Lebewesen

Cauda equina
Nervenfaserbündel, die vom Ende des Rückenmarkes etwa in Höhe des zweiten Lendenwirbels nach unten den Lendenwirbelkanal ausfüllen

charakteristisch
kennzeichnend

Chondrosis intervertebralis
frühes Stadium der Bandscheibenveränderung infolge Gewebealterung

chronisch
sich langsam entwickelnd, langsam verlaufend

Claudicatio intermittens
unterbrochenes (intermittierendes) Hinken

Degeneration
Entartung

Diagnose
Erkennung und Benennung von Krankheiten

Discitis
Entzündung der Zwischenwirbelscheibe

Discus intervertebralis
Zwischenwirbelscheibe

dorsal
hinten (nach dem Rücken hin liegend)

Dura mater spinalis
harte Rückenmarkshaut

Endoskop
Instrument zur Untersuchung und operativen Behandlung von Körperinnenräumen

Facettensyndrom
von den Zwischenwirbelgelenken ausgehende Schmerzzustände

Fibrose
Vermehrung des Bindegewebes

Foramen intervertebrale
Zwischenwirbelloch für den Durchtritt der Nervenwurzeln

Fusion
hier: operativ herbeigeführte Wirbelverschmelzung

Hemilaminektomie
Entfernung eines Wirbelhalbbogens

Hydratation
Bindung von Wasser an chemische Substanzen

individuell
für die einzelne Person eigentümlich; vereinzelt

Infiltration
hier: Umspritzen mit Medikamenten

Initiative
Entschlußkraft; Unternehmungsgeist

Injektion
Einspritzung von Flüssigkeiten (Heilmitteln) in den Körper, auch zu diagnostischen Zwecken

Instabilität
Unbeständigkeit (hier: Lockerung im Bewegungssegment)

intradiskal
innerhalb der Zwischenwirbelscheibe (z.B. Kontrastmitteleingabe)

intraspinal
innerhalb des Wirbelkanals

intrathekal
innerhalb des Nervenwasserraumes

kaudal
(schwanz-)fußwärts

Konflikt
Zwiespalt

Kyphose
Buckel; bogenförmige, nach hinten gerichtete Krümmung der Wirbelsäule

Laminektomie
Entfernung der Wirbelbögen mit Dornfortsatz

Ligamentum flavum
gelbes Band

Ligamentum longitudinale
Längsband (vorne und hinten die Wirbelkörper verbindend)

Liquor cerebrospinalis
(wasserklare) Nervenflüssigkeit

lokal
örtlich

Lordose
nach vorne (bauchwärts) bogenförmige Verbiegung der Wirbelsäule

lumbal
zur Lendenwirbelsäule gehörig

Lumbalpunktion
Einführen (Einstechen) einer Hohlnadel in den harten Rückenmarkssack

Metastase
Tochtergeschwulst

methodisch
planmäßig; hier: planmäßige Entwicklung von Operationstechniken

Mobilisation
Beweglichmachung (z.B. der Wirbelsäule)

Myelographie
Kontrastmitteluntersuchung des Rückenmarkskanals

Nanogramm
Nano = Dezimalvorsatz zur Kennzeichnung des Faktors 10^{-9} einer Einheit 1 Nanogramm (ng) = 10^{-9} Gramm (g) oder 1 millionstel Milligramm

Nucleus pulposus
innerster Teil der Zwischenwirbelscheibe (Gallertkern)

Orthese
orthopädische Rumpfstütze

Osteochondrosis intervertebralis
fortgeschrittene Veränderung der Zwischenwirbelscheibe mit Verschmälerung des Zwischenwirbelraumes und mit röntgenologisch nachweisbaren Veränderungen an den Wirbelkörperrändern

paraspinal
neben dem Wirbelkanal

paravertebral
neben der Wirbelsäule

Parese
unvollständige Lähmung

Pascal
Druckeinheit, 1 Pascal entspricht 0,00001 bar;
Mega-Pascal = 1 Million Pascal

peridural
hier: um die harte Rückenmarkshaut herum

perkutan
durch die Haut hindurch

physiologisch
normal, der Gesundheit entsprechend

Prolaps
Vorfall (der Bandscheibe)

Protrusio
Vorwölbung (der Bandscheibe)

radikulär
die Nervenwurzeln betreffend

Resignation
hier: Verzweiflung, Verzagen (Resignieren)

Rotation
Drehung

Rezidiv
hier: Bandscheibenvorfall der gleichen Höhe und Seite nach Operation

Spondylarthrose
krankhafte Veränderung der kleinen Wirbelgelenke

Spondylitis
Wirbelentzündung

Spondylolisthesis
Wirbelgleiten

Spondylolyse
Spaltbildung im Zwischengelenkstück des Wirbelbogens

Spondylose
krankhafte Veränderung der Wirbelkörper

Spondylosis deformans
degenerative Erkrankung der Wirbelkörper und Bandscheibenschaden

Stabilisation
hier: Festigung der Wirbelsäule (durch Übungsbehandlung) oder des Bewegungssegmentes (operativ)

Stenose
hier: Verengerung des Wirbelkanals

Therapeut
derjenige, der andere behandelt

therapieren
behandeln

Sachverzeichnis